EWIGES GRIECHENLAND

EWIGES GRIECHENLAND

EIN SCHAU- UND LESEBUCH

herausgegeben von

MARTIN HÜRLIMANN

ATLANTIS VERLAG ZÜRICH

Atlantis Verlag Zürich und Freiburg im Breisgau
9., veränderte Auflage 1977

Fotolithos: Repro Bommer AG, Adliswil/Zürich
Druck: B+K Offsetdruck, Ottersweier
Einband: Grossbuchbinderei Spinner, Ottersweier
Printed in Germany
ISBN 3 7611 0006 X

FRIEDRICH HÖLDERLIN · DER ARCHIPELAGUS

Kehren die Kraniche wieder zu dir? und suchen zu deinen
Ufern wieder die Schiffe den Lauf? umatmen erwünschte
Lüfte dir die beruhigte Flut? und sonnet der Delphin,
Aus der Tiefe gelockt, am neuen Lichte den Rücken?
Blüht Ionien, ist es die Zeit? denn immer im Frühling,
Wenn den Lebenden sich das Herz erneut und die erste
Liebe den Menschen erwacht und goldner Zeiten Erinnerung,
Komm ich zu dir und grüß in deiner Stille dich, Alter!

Immer, Gewaltiger! lebst du noch und ruhest im Schatten
Deiner Berge, wie sonst; mit Jünglingsarmen umfängst du
Noch dein liebliches Land, und deiner Töchter, o Vater!
Deiner Inseln ist noch, der blühenden, keine verloren.
Kreta steht und Salamis grünt, umdämmert von Lorbeern,
Rings von Strahlen umblüht, erhebt zur Stunde des Aufgangs
Delos ihr begeistertes Haupt und Tenos und Chios
Haben der purpurnen Früchte genug, von trunkenen Hügeln
Quillt der Cypriertrank, und von Kalauria fallen
Silberne Bäche, wie einst, in die alten Wasser des Vaters.
Alle leben sie noch, die Heroenmütter, die Inseln,
Blühend von Jahr zu Jahr, und wenn zu Zeiten, vom Abgrund
Losgelassen, die Flamme der Nacht, das untre Gewitter,
Eine der Holden ergriff und die Sterbende dir in den Schoß sank,
Göttlicher, du, du dauertest aus, denn über den dunkeln
Tiefen ist manches schon dir auf- und untergegangen.

Auch die Himmlischen, sie, die Kräfte der Höhe, die stillen,
Die den heiteren Tag und süßen Schlummer und Ahndung
Fernher bringen über das Haupt der fühlenden Menschen
Aus der Fülle der Macht, auch sie, die alten Gespielen,
Wohnen, wie einst, mit dir, und oft am dämmernden Abend,
Wenn von Asiens Bergen herein das heilige Mondlicht
Kömmt und die Sterne sich in deiner Woge begegnen,
Leuchtest du von himmlischem Glanz, und so, wie sie wandeln,
Wechseln die Wasser dir, es tönt die Weise der Brüder
Droben, ihr Nachtgesang im liebenden Busen dir wieder.
Wenn die allverklärende dann, die Sonne des Tages,
Sie, des Orients Kind, die Wundertätige, da ist,
Dann die Lebenden all im goldenen Traume beginnen,

Den die Dichtende stets des Morgens ihnen bereitet,
Dir, dem trauernden Gott, dir sendet sie froheren Zauber,
Und ihr eigen freundliches Licht ist selber so schön nicht
Denn das Liebeszeichen, der Kranz, den immer, wie vormals,
Deiner gedenk, doch sie um die graue Locke dir windet.
Und umfängt der Äther dich nicht, und kehren die Wolken
Deine Boten von ihm mit dem Göttergeschenke, dem Strahle
Aus der Höhe dir nicht? Dann sendest du über das Land sie,
Daß am heißen Gestad die gewittertrunkenen Wälder
Rauschen und wogen mit dir, daß bald, dem wandernden Sohn gleich,
Wenn der Vater ihn ruft, mit den tausend Bächen Mäander
Seinen Irren enteilt und aus der Ebne Kayster
Dir entgegenfrohlockt, und der Erstgeborne, der Alte,
Der zu lange sich barg, dein majestätischer Nil izt
Hochherschreitend aus fernem Gebirg, wie im Klange der Waffen,
Siegreich kömmt, und die offenen Arme der Sehnende reichet.

Dennoch einsam dünkest du dir; in schweigender Nacht hört
Deine Weheklage der Fels, und öfters entflieht dir
Zürnend von Sterblichen weg die geflügelte Woge zum Himmel.
Denn es leben mit dir die edlen Lieblinge nimmer,
Die dich geehrt, die einst mit den schönen Tempeln und Städten
Deine Gestade bekränzt, und immer suchen und missen,
Immer bedürfen ja, wie Heroen den Kranz, die geweihten
Elemente zum Ruhme das Herz der fühlenden Menschen.

Sage, wo ist Athen? ist über den Urnen der Meister
Deine Stadt, die geliebteste dir, an den heiligen Ufern,
Trauernder Gott! dir ganz in Asche zusammengesunken,
Oder ist noch ein Zeichen von ihr, daß etwa der Schiffer,
Wenn er vorüberkommt, sie nenn und ihrer gedenke?
Stiegen dort die Säulen empor und leuchteten dort nicht
Sonst vom Dache der Burg herab die Göttergestalten?
Rauschte dort die Stimme des Volks, die stürmischbewegte,
Aus der Agora nicht her, und eilten aus freudigen Pforten
Dort die Gassen dir nicht zu gesegnetem Hafen herunter?
Siehe! da löste sein Schiff der fernhinsinnende Kaufmann,
Froh, denn es wehet' auch ihm die beflügelnde Luft und die Götter
Liebten so, wie den Dichter, auch ihn, dieweil er die guten
Gaben der Erd ausglich und Fernes Nahem vereinte.
Fern nach Cypros ziehet er hin und ferne nach Tyros,

Strebt nach Kolchis hinauf und hinab zum alten Ägyptos,
Daß er Purpur und Wein und Korn und Vliese gewinne
Für die eigene Stadt, und öfters über des kühnen
Herkules Säulen hinaus, zu neuen seligen Inseln
Tragen die Hoffnungen in des Schiffes Flügel, indessen,
Anders bewegt, am Gestade der Stadt ein einsamer Jüngling
Weilt und die Woge belauscht, und Großes ahndet der Ernste,
Wenn er zu Füßen so des erderschütternden Meisters
Lauschet und sitzt, und nicht umsonst erzog ihn der Meergott.

Denn des Genius Feind, der vielgebietende Perse,
Jahrlang zählt' er sie schon der Waffen Menge, der Knechte,
Spottend des griechischen Lands und seiner wenigen Inseln,
Und sie deuchten dem Herrscher ein Spiel, und noch, wie ein Traum, war
Ihm das innige Volk, vom Göttergeiste gerüstet.
Leicht aus spricht er das Wort, und schnell, wie der flammende Bergquell,
Wenn er furchtbar umher vom gärenden Ätna gegossen,
Städte begräbt in der purpurnen Flut und blühende Gärten,
Bis der brennende Strom im heiligen Meere sich kühlet,
So mit dem Könige nun, versengend, städteverwüstend,
Stürzt von Ekbatana daher sein prächtig Getümmel;
Weh! und Athene, die herrliche, fällt; wohl schauen und ringen
Vom Gebirg, wo das Wild ihr Geschrei hört, fliehende Greise
Nach den Wohnungen dort zurück und den rauchenden Tempeln;
Aber es weckt der Söhne Gebet die heilige Asche
Nun nicht mehr, im Tal ist der Tod, und die Wolke des Brandes
Schwindet am Himmel dahin, und weiter im Lande zu ernten,
Zieht, vom Frevel erhitzt, mit der Beute der Perse vorüber.

Aber an Salamis Ufern, o Tag! an Salamis Ufern,
Harrend des Endes, stehn die Athenerinnen, die Jungfraun,
Stehn die Mütter, wiegend im Arm das gerettete Söhnlein,
Aber den Horchenden schallt aus Tiefen die Stimme des Meergotts
Heilweissagend herauf, es schauen die Götter des Himmels
Wägend und richtend herab, denn dort an den bebenden Ufern
Wankt seit Tagesbeginn, wie langsamwandelnd Gewitter,
Dort auf schäumenden Wassern die Schlacht, und es glühet der Mittag,
Unbemerket im Zorn, schon über dem Haupte den Kämpfern.
Aber die Männer des Volks, die Heroenenkel, sie walten
Helleren Auges jetzt, die Götterlieblinge denken
Des beschiedenen Glücks, es zähmen die Kinder Athens

Ihren Genius, ihn, den todverachtenden, jetzt nicht.
Denn wie aus rauschendem Blut das Wild der Wüste noch einmal
Sich zuletzt verwandelt erhebt, der edleren Kraft gleich,
Und den Jäger erschröckt, kehrt jetzt im Glanze der Waffen,
Bei der Herrscher Gebot, furchtbargesammelt den Wilden,
Mitten im Untergang, die ermattete Seele noch einmal.
Und entbrannter beginnt's; wie Paare ringender Männer.
Fassen die Schiffe sich an, in die Woge taumelt das Steuer,
Unter den Streitern bricht der Boden, und Schiffer und Schiff sinkt.

Aber in schwindelnden Traum vom Liede des Tages gesungen,
Rollt der König den Blick; irrlächelnd über den Ausgang
Droht er und fleht und frohlockt, und sendet, wie Blitze, die Boten;
Doch er sendet umsonst, es kehret keiner ihm wieder.
Blutige Boten, Erschlagne des Heers, und berstende Schiffe
Wirft die Rächerin ihm zahllos, die donnernde Woge,
Vor den Thron, wo er sitzt am bebenden Ufer, der Arme,
Schauend die Flucht, und fort in die fliehende Menge gerissen,
Eilt er, ihn treibt der Gott, er treibt sein irrend Geschwader
Über die Fluten der Gott, der spottend sein eitel Geschmeid ihm
Endlich zerschlug und den Schwachen erreicht' in der drohenden Rüstung.

Aber liebend zurück zum einsamharrenden Strome
Kommt der Athener Volk und von den Bergen der Heimat
Wogen, freudig gemischt, die glänzenden Scharen herunter
Ins verlassene Tal, ach! gleich der gealterten Mutter,
Wenn nach Jahren das Kind, das verlorengeachtete, wieder
Lebend ihr an den Busen kehrt, ein erwachsener Jüngling,
Aber im Gram ist ihr die Seele gewelkt und die Freude
Kömmt der Hoffnungsmüden zu spät und mühsam vernimmt sie,
Was der liebende Sohn in seinem Danke geredet;
So erscheint den Kommenden dort der Boden der Heimat.
Denn es fragen umsonst nach ihren Hainen die Frommen,
Und die Sieger empfängt die freundliche Pforte nicht wieder,
Wie den Wanderer sonst sie empfing, wenn er froh von den Inseln
Wiederkehrt' und die selige Burg der Mutter Athene
Über sehnendem Haupt ihm fernherglänzend heraufging.
Aber wohl sind ihnen bekannt die verödeten Gassen
Und die trauernden Gärten umher und auf der Agora,
Wo des Portikus Säulen gestürzt und die göttlichen Bilder
Liegen, da reicht, in der Seele bewegt, und der Treue sich freuend,

Jetzt das liebende Volk zum Bunde die Hände sich wieder.
Bald auch suchet und sieht den Ort des eigenen Hauses
Unter dem Schutt der Mann; ihm weint am Hals, der trauten
Schlummerstätte gedenk, sein Weib, es fragen die Kindlein
Nach dem Tische, wo sonst in lieblicher Reihe sie saßen,
Von den Vätern gesehn, den lächelnden Göttern des Hauses.
Aber Gezelte bauet das Volk, es schließen die alten
Nachbarn wieder sich an, und nach des Herzens Gewohnheit
Ordnen die luftigen Wohnungen sich umher an den Hügeln.
So indessen wohnen sie nun, wie die Freien, die Alten,
Die, der Stärke gewiß und dem kommenden Tage vertrauend,
Wandernden Vögeln gleich, mit Gesange von Berge zu Berg einst
Zogen, die Fürsten des Forsts und des weitumirrenden Stromes.
Doch umfängt noch, wie sonst, die Muttererde, die treue,
Wieder ihr edel Volk, und unter heiligem Himmel
Ruhen sie sanft, wenn milde, wie sonst, die Lüfte der Jugend
Um die Schlafenden wehn und aus Platanen Ilissus
Ihnen herüberrauscht und, neue Tage verkündend,
Lockend zu neuen Taten, bei Nacht die Woge des Meergotts
Fernher tönt und fröhliche Träume den Lieblingen sendet.
Schon auch sprossen und blühn die Blumen mählich, die goldnen,
Auf zertretenem Feld, von frommen Händen gewartet,
Grünet der Ölbaum auf, und auf Kolonos Gefilden
Nähren friedlich, wie sonst, die athenischen Rosse sich wieder.

Aber der Muttererd und dem Gott der Woge zu Ehren
Blühet die Stadt izt auf, ein herrlich Gebild, dem Gestirn gleich
Sichergegründet, des Genius Werk, denn Fesseln der Liebe
Schafft er gerne sich so, so hält in großen Gestalten,
Die er selbst sich erbaut, der Immerrege sich bleibend.
Sieh! und dem Schaffenden dienet der Wald, ihm reicht mit den andern
Bergen nahe zur Hand der Pentele Marmor und Erze;
Aber lebend, wie er, und froh und herrlich entquillt es
Seinen Händen, und leicht, wie der Sonne, gedeiht das Geschäft ihm.
Brunnen steigen empor und über die Hügel in reinen
Bahnen gelenkt, ereilt der Quell das glänzende Becken;
Und umher an ihnen erglänzt, gleich festlichen Helden
Am gemeinsamen Kelch, die Reihe der Wohnungen, hoch ragt
Der Prytanen Gemach, es stehn Gymnasien offen,
Göttertempel entstehn, ein heiligkühner Gedanke,
Steigt, Unsterblichen nah, das Olympion auf in den Äther

Aus dem seligen Hain; noch manche der himmlischen Hallen!
Mutter Athene, dir auch, dir wuchs dein herrlicher Hügel
Stolzer aus der Trauer empor und blühte noch lange,
Gott der Wogen und dir, und deine Lieblinge sangen
Frohversammelt noch oft am Vorgebirge den Dank dir.

O die Kinder des Glücks, die frommen! wandeln sie fern nun
Bei den Vätern daheim, und der Schicksalstage vergessen,
Drüben am Lethestrom, und bringt kein Sehnen sie wieder?
Sieht mein Auge sie nie? ach! findet über den tausend
Pfaden der grünenden Erd, ihr göttergleichen Gestalten!
Euch das Suchende nie, und vernahm ich darum die Sprache,
Darum die Sage von euch, daß immertrauernd die Seele
Vor der Zeit mir hinab zu euern Schatten entfliehe?
Aber näher zu euch, wo eure Haine noch wachsen,
Wo sein einsames Haupt in Wolken der heilige Berg hüllt,
Zum Parnassos will ich, und wenn im Dunkel der Eiche
Schimmernd, mir Irrenden dort Kastalias Quelle begegnet,
Will ich, mit Tränen gemischt, aus blütenumdufteter Schale
Dort, auf keimendes Grün das Wasser gießen, damit doch,
O ihr Schlafenden all! ein Totenopfer euch werde.
Dort im schweigenden Tal, an Tempes hängenden Felsen,
Will ich wohnen, mit euch, dort oft, ihr herrlichen Namen!
Her euch rufen, bei Nacht, und wenn ihr zürnend erscheinet,
Weil der Pflug die Gräber entweiht, mit der Stimme des Herzens
Will ich, mit frommem Gesang, euch sühnen, heilige Schatten!
Bis, zu leben mit euch, sich ganz die Seele gewöhnet.
Fragen wird der Geweihtere dann euch manches, ihr Toten!
Euch, ihr Lebenden auch, ihr hohen Kräfte des Himmels!
Wenn ihr über dem Schutt mit euren Jahren vorbeigeht,
Ihr in der sichern Bahn! denn oft ergreifet das Irrsal
Unter den Sternen mir, wie schaurige Lüfte, den Busen,
Daß ich spähe nach Rat, und lang schon reden sie nimmer
Trost den Bedürftigen zu, die prophetischen Haine Dodonas,
Stumm ist der delphische Gott, und einsam liegen und öde
Längst die Pfade, wo einst, von Hoffnungen leise geleitet,
Fragend der Mann zur Stadt des redlichen Sehers heraufstieg.
Aber droben das Licht, es spricht noch heute zu Menschen,
Schöner Deutungen voll, und des großen Donnerers Stimme
Ruft es: denket ihr mein? und die trauernde Woge des Meergotts
Hallt es wider: gedenkt ihr nimmer meiner, wie vormals?

Denn es ruhn die Himmlischen gern am fühlenden Herzen,
Immer, wie sonst, geleiten sie noch, die begeisternden Kräfte,
Gerne den strebenden Mann, und über den Bergen der Heimat
Ruht und waltet und lebt allgegenwärtig der Äther,
Daß ein liebendes Volk, in des Vaters Armen gesammelt,
Menschlich freudig, wie sonst, und Ein Geist allen gemein sei.

Aber weh! es wandelt in Nacht, es wohnt, wie im Orkus,
Ohne Göttliches unser Geschlecht. Ans eigene Treiben
Sind sie geschmiedet allein, und sich in der tosenden Werkstatt
Höret jeglicher nur und viel arbeiten die Wilden
Mit gewaltigem Arm, rastlos, doch immer und immer
Unfruchtbar, wie die Furien, bleibt die Mühe der Armen.
Bis, erwacht vom ängstigen Traum, die Seele den Menschen
Aufgeht, jugendlich froh, und der Liebe segnender Othem
Wieder, wie vormals oft bei Hellas blühenden Kindern,
Wehet in neuer Zeit und über freierer Stirne
Uns der Geist der Natur, der fernherwandelnde, wieder
Stilleweilend der Gott in goldnen Wolken erscheinet.
Ach! und säumest du noch? und jene, die göttlichgebornen,
Wohnen immer, o Tag! noch als in Tiefen der Erde
Einsam unten, indes ein immerlebender Frühling
Unbesungen über dem Haupt den Schlafenden dämmert?
Aber länger nicht mehr! schon hör ich ferne des Festtags
Chorgesang auf grünem Gebirg und das Echo der Haine,
Wo der Jünglinge Brust sich hebt, wo die Seele des Volks sich
Stillvereint im freieren Lied, zur Ehre des Gottes,
Dem die Höhe gebührt, doch auch die Tale sind heilig;
Denn, wo fröhlich der Strom in wachsender Jugend hinauseilt,
Unter Blumen des Lands, und wo auf sonnigen Ebnen
Edles Korn und der Obstwald reift, da kränzen am Feste
Gerne die Frommen sich auch, und auf dem Hügel der Stadt glänzt,
Menschlicher Wohnung gleich, die himmlische Halle der Freude.
Denn voll göttlichen Sinns ist alles Leben geworden,
Und vollendend, wie sonst, erscheinst du wieder den Kindern
Überall, o Natur! und, wie vom Quellengebirg, rinnt
Segen von da und dort in die keimende Seele dem Volke.
Dann, dann, o ihr Freuden Athens! ihr Taten in Sparta!
Köstliche Frühlingszeit im Griechenlande! wenn unser
Herbst kömmt, wenn ihr gereift, ihr Geister alle der Vorwelt!
Wiederkehret und siehe! des Jahrs Vollendung ist nahe!

Dann erhalte das Fest auch euch, vergangene Tage!
Hin nach Hellas schaue das Volk, und weinend und dankend
Sänftige sich in Erinnerungen der stolze Triumphtag.

Aber blühet indes, bis unsre Früchte beginnen,
Blüht, ihr Gärten Ioniens! nur, und die an Athens Schutt
Grünen, Ihr Holden! verbergt dem schauenden Tage die Trauer!
Kränzt mit ewigem Laub, ihr Lorbeerwälder! die Hügel
Eurer Toten umher, bei Marathon dort, wo die Knaben
Siegend starben, ach! dort auf Chäroneas Gefilden,
Wo mit Waffen hinaus die letzten Athener enteilten,
Fliehend vor dem Tage der Schmach, dort, dort von den Bergen
Klagt ins Schlachttal täglich herab, dort singet von Ötas
Gipfeln das Schicksalslied, ihr wandelnden Wasser, herunter!
Aber du, unsterblich, wenn auch der Griechengesang schon
Dich nicht feiert, wie sonst, aus deinen Wogen, o Meergott!
Töne mir in die Seele noch oft, daß über den Wassern
Furchtlosrege der Geist, dem Schwimmer gleich, in der Starken
Frischem Glücke sich übt, und die Göttersprache, das Wechseln
Und das Werden versteh, und wenn die reißende Zeit mir
Zu gewaltig das Haupt ergreift und die Not und das Irrsal
Unter Sterblichen mir mein sterblich Leben erschüttert,
Laß der Stille mich dann in deiner Tiefe gedenken.

ABBILDUNG: KAP SUNION oder Kap Kolonnais, das südliche Vorgebirge Attikas an der Scheide zwischen dem offenen Meer und den inneren Gewässern. Der POSEIDON-TEMPEL, ein dorischer Peripteros aus weißem, grobkörnigem Marmor der Umgebung, gegen 30 m lang und 13,5 m breit, mit je 13 Säulen an den Längsseiten und je 6 Säulen an den Schmalseiten, ist im 5. Jahrhundert v. Chr. gebaut, etwas später als Parthenon und Theseion in Athen. Die 6,1 m hohen Säulen haben 16 statt der sonst beim dorischen Tempel üblichen 20 Kanneluren.

Die Reise nach Griechenland ist von allen Reisen, die wir unternehmen, die geistigste. Hierher am wenigsten schickt uns halbsinnliche Neugier, die der geheime Untergrund so vieler Reisen ist und immer gewesen ist, und wir sind fast befremdet, wenn uns Griechenland, schon ehe wir es betreten haben, mit dem empfängt, woran wir hier am wenigsten gedacht hätten: einem bezaubernden, ganz orientalischen Duft, gemischt aus Orangenblüten, Akazien, Lorbeer und Thymian.

Es ist eine geistige Pilgerschaft, die wir unternommen hatten, und wir hatten vergessen, daß diese Landschaft einen andern Duft aushauchen könnte als den der Erinnerungen. Dem, was wir sehen wollen, hebt sich zuviel geistige Ungeduld entgegen; wir tragen zu viele Seelen in uns, die ihre Aspiration nach diesen Hügeln und Tempeltrümmern mit der unseren vermischen. Wir kommen an, verloren in einem Bündel schattenhafter Gefährten. Aber wie wir den Fuß auf diesen Strand setzen, das wirkliche Gestein unter unserer Sohle fühlen, die sonnige und frische Luft einziehen, lassen sie uns alle im Stich. Wir stehen im Vorhof unserer Sehnsucht, und wir fühlen, daß wir unsere Führer verloren haben. Bis vor kurzem noch, als das Schiff sizilisches, «großgriechisches» Gewässer befuhr – war Goethe mit uns. Er bleibt zurück, wie der italische Strand hinter uns zurückbleibt. Mit einemmal fühlen wir ihn als Römer. Der große Kopf der Juno Ludovisi steht zwischen uns und ihm. Wir erinnern uns, daß er nie eine wirkliche Antike, nie ein Bildwerk des fünften Jahrhunderts gesehen hat, und die Serenität, in die er mit Winckelmann sein Altertum tauchte, ist uns die Verfassung eines bestimmten Augenblicks der deutschen Seele, nichts weiter. – Der erste Eindruck dieser Landschaft, von wo man sie betrete, ist ein strenger. Sie lehnt alle Träumereien ab, auch die historischen. Sie ist trocken, karg, ausdrucksvoll und befremdend wie ein furchtbar abgemagertes Gesicht: aber darüber ist ein Licht, dessengleichen das Auge nie zuvor erblickt hat und in dem es sich beseligt, als erwache es heute erst zum Sinn des Sehens. Dieses Licht ist unsäglich scharf und unsäglich mild zugleich. Es bringt die feinste Einzelheit mit einer Deutlichkeit heran, einer sanften Deutlichkeit, die einem das Herz höher schlagen macht, und es umgibt das Nächste – ich kann es nur paradox sagen – mit einer verklärenden Verschleierung. Es ist mit nichts zu vergleichen als mit Geist. In einem wunderbaren Intellekt müßten die Dinge so daliegen, so wach und so besänftigt, so gesondert und so verbunden – wodurch verbunden? nicht durch Stimmung, nichts ist hier ferner als dies schwimmende, sinnlich-seelische Traumelement – nein: durch den Geist selbst. Dies

---

ABBILDUNG: KOPF DES «BLONDEN EPHEBEN», 1887 auf der Akropolis gefundener Kopf einer Ephebenstatue, parischer Marmor mit Farbresten (Haar ockergelb mit rot; Lippen, Augenlider und Tränendrüsen hellrot; Augenbrauen schwarz; Iris gelbbraun; Pupille schwarz). Um 490–480; wie der «Kritiosknabe» eines der schönsten und besterhaltenen Werke des strengen Stils. Akropolis-Museum, Athen.

Licht ist kühn und es ist jung. Es ist das bis in den Kern der Seele dringende Sinnbild der Jugend. Bisher hielt ich das Wasser für den wunderbaren Ausdruck dessen, was nicht altert. Aber dieses Licht ist auf eine durchdringendere Weise jung.

Man sagt mir: Dies ist das Licht Kleinasiens, das Licht von Palästina, von Persien, von Ägypten, und ich verstehe die Einheit der Geschichte, die seit Jahrtausenden unser inneres Schicksal bestimmt. Troja – die Zehntausend unter Xenophon – Kleopatra – und noch die byzantinische Theodora – alle diese Abenteuer werden über die Jahrtausende hinweg verständlich und einheitlich wie die Teile einer einzigen Melodie. Die Listen des Odysseus, die Ironie Platons, die Frechheit des Aristophanes: es ist eine wunderbare Identität in dem allem, und die Formel solcher Identität ist das Licht.

Was in diesem Licht lebt, das lebt wirklich: ohne Hoffnung, ohne Sehnsucht, ohne Grandezza: es lebt. «Im Lichte leben», das ist's. Aus diesem Lichte gehen, zum Schatten werden, das war das Furchtbare, dagegen gab es keinen Trost. «Lieber ein Knecht droben als Achilles hier» – wer dieses Licht nicht gesehen hat, versteht nicht ein solches Wort... Ich sehe von einem Hügel aus irgendwo an einem Abhang ein paar Ziegen. Ihr Klettern, ihr Kopfheben, dies alles ist wirklich und zugleich wie vom geistreichsten Zeichner gezeichnet. Zu ihrem Animalischen haben diese Geschöpfe etwas Göttliches hinzu, aus der Luft: dieses Licht ist die unaufhörliche Hochzeit des Geistes mit der Welt. Ein steiler Gipfel, ein paar Pinien – ein kleines Weizenfeld – ein Baum, dessen alte Wurzeln das zerklüftete Gestein umklammern – eine Zisterne, ein immergrüner Strauch, eine Blume: das Einzelne hat keine Aspiration, sich mit dem Ganzen zu vermischen, es lebt für sich, aber in diesem Licht ist Fürsichsein nicht gleichbedeutend mit Einsamkeit. Hier oder nirgends ist das Individuum geboren: aber zu einem göttlichen und geselligen Geschick. In dieser Luft ist man herrlich ausgesondert – aber man ist nicht verlassen, so wenig als einer der Götter verlassen war, wenn er wo immer auftauchte oder durch die Luft dahinfuhr. Und hier sind alle Wesen Götter. Diese Pinie, schön wie eine Säule des Phidias, ist eine Göttin. Diese Frühlingsblumen, die Duft und Glanz von einem Wiesenhang herab ausstreuen – man hat es gesagt, und man hat es mit Recht gesagt: sie stehen da wie die kleinen Götter.

Hier ist der Mensch geboren worden, wie wir ihn verstehen: denn hier ist das Maß geboren worden. Die Proportionen eines Tempelüberrestes, dreier Säulen mit einem Trümmer des Giebels, zu einer einzelnen Eiche, die daneben ihre laubige Krone gegen Himmel stemmt, dies ist so schön, daß es wie die tiefsten Harmonien der Musik fast die Seele spaltet; der Himmel selbst, die Höhe des scheinbar festen Gewölbes, ist irgendwie in die herrliche Berechnung einbezogen; tritt ein Mensch zwischen die Säulen, ein Bauer, der dort ein bißchen Schatten sucht, um aus der Faust seine Mahlzeit zu verzehren, ein Hirt mit seinem Hund, so wird die Herrlichkeit so vollkommen, daß sich uns die Brust überm Herzen erweitert. Nichts, was wir von ihren Kulthandlungen wissen, spricht unmittelbar zu unserer Einbildungskraft; ihre Zeremonien, soweit die Archäologie sie uns erschließt, sind uns unerquicklich wie der Anblick von Tanzenden für den, der die Musik nicht hört. Nichts von ihren Mysterien ist uns faßlich als dies eine: das Verhältnis des menschlichen Leibes zum steingebauten Heiligtum.

Der Blick von Akrokorinth umfaßt zwei Meere mit vielen Inseln, die Schneegipfel des Parnaß, die Berge von Achaia: das Licht schafft etwas aus diesem allem, eine Ordnung, die das Herz beseligt; wir haben kein besseres Wort dafür als Musik: aber es ist mehr als Musik. – Welche Lektion gibt dieses Licht dem denkenden Betrachter! Keine Übertreibung, keine Mischung – erblicke jedes für sich, aber erblicke es in seiner ursprünglichen Reinheit. Sondere nicht, dränge nicht eins zum andern: es ist alles gesondert, alles verbunden; bleibe gelassen: atme, genieße und sei.
Nichts ist schwerer, als in dieser Landschaft zu erraten, ob eine Gestalt nahe oder ferne sei. Das Licht macht sie deutlich und vergeistigt sie zugleich, macht sie zu einem Hauch. Aber die Kraft einer Gebärde auf hundertfünfzig Schritt ist groß; ein Handwink des Agogiaten ruft aus einer fernen Felsenspalte den Hirten mit seinem Wasserschlauch herbei. Wunderbar zu denken, wie in diesem Licht die Schiffskapitäne in der Schlacht von Salamis von ihren bunten hölzernen Kommandobrücken herab die Befehle gaben, die man im Brüllen und Krachen der Schlacht von keiner menschlichen Stimme hätte empfangen können, und wie griechische Augen in dieser Atmosphäre von vibrierendem Silber, die ausgereckte Hand des Themistokles suchend, gegen Abend das Geschick der Welt entschieden.
Die homerischen Götter und Göttinnen treten fortwährend aus der hellen Luft hervor; nichts erscheint natürlicher, sobald man dieses Licht kennt. Wir sind aus dem Norden, und das Halbdunkel des Nordens hat unsere Einbildungskraft geformt. Wir ahnen das Mysterium des Raumes, aber wir hielten keine andere Art, dieses zu verherrlichen, für möglich, als die Rembrandts: aus Licht und Finsternis. Aber hier erkennen wir: es gibt ein Mysterium im vollen Licht. Dieses Licht umfängt Gestalten mit Geheimnis und mit Vertraulichkeit zugleich. Es sind nur Bäume und Säulen, die unser Blick in diesem Licht umarmt: zuhöchst die stummen Leiber der Trägerinnen am Erechtheion, die halb Jungfrauen sind, halb noch Säulen, und doch ist ihre leibliche Schönheit in diesem Licht von bezwingender Gewalt. Aber die Götter und Göttinnen waren Statuen aus Fleisch und Blut, aus ihren Augen unter der schweren, beinahe harten Stirn loderte das Feuer des Blutes, und in dieser Luft, die um jede Gestalt, und wäre es die eines blühenden Zweiges, einen Schleier legt von Ehrfurcht und von Begehren zugleich, ahnen wir den Blick, mit dem Paris der einsame Hirt die drei Göttinnen maß, als sie aus der blitzenden Luft auf ihn zutraten, geschwellt von Stolz und Eifersucht aufeinander und willens, alles zu bieten, um den Siegespreis zu gewinnen.
Welche Situation! – und trägt sie nicht, wie ein Diamant, den keine daraufgelegte Last zermalmt, das ganze ungeheure, finstere Geschehen der Ilias? – Ja, diese Mythen sind noch in einer anderen Weise wahr, als wir ahnten. Wir liebten sie als die Erzeugnisse der harmonischsten Einbildungskraft: aber es ist mehr, als wir wußten, von der Magie in ihnen, die unmittelbar aus dem Wirklichen auf den Menschen eindringt. Bevor den Parnaß der erste Strahl der Sonne trifft, legt sich wirklich ein Etwas von der Farbe der Rose auf seinen höchsten Gipfel – genau die Farbe vom lebendigen Fleisch der Rose und genau nur zwei Finger breit, zwei Finger von der Hand einer Frau, die sich auf einen Schiffsbord legen, und ebenso leicht wie die Bewegung einer Frauenhand, und es kostet hier weniger Anstrengung der Phantasie, die Eos mit Fingern aus Rosen jenseits gegen Westen fortfliegen zu sehen, schnell

wie eine Taube – als sich im Halbdunkel unserer ewigen Winternachmittage eine blühende Hecke vorzustellen.

Aber es ist keine Reise nach dem Pittoresken, die wir unternommen haben. Wir suchen hier einen höchsten Moment der Menschheit. Wir wollen die Hand auf das Heiligtum legen. Wir wollen Feste mitfeiern, die in ihrer Strenge und Schönheit an das Erhabene streifen. Was wir mehr erraten als erfahren haben, wenn wir unseren Äschylus entzifferten – wir wollen unmittelbar, ja leiblich daran teilhaben. Ungeduld regt sich in uns, unbezähmbar, ein geistiges Höchstes in Gestalten gewahr zu werden; eine Ungeduld, darin sich der Drang von wie vielen Geschlechtern verdichtet – und ist es nicht Schillers kühne und große Seele vor allen, die in uns aufsteht? Seine Visionen der Antike, diese sich immer wiederholende stürmische Forderung, irgendwo auf Erden die Idee des Schönen, die zu erfassen sein inneres Auge so stark war, verkörpert zu finden – nichts darf weniger als diese Dinge verwechselt werden mit dem verantwortungslosen «Geschriebenen» des durchschnittlichen Literaten: Schiller glaubte, was er schrieb, und er warf sein ganzes Ich wie eine Fahne weit von sich hin ins Getümmel einer ewigen geistigen Schlacht, worin Zukunft und Vergangenheit sich mischen und in der an irgendeiner Stelle auch wir stehen.
Ein geistiges Höchstes an leiblichen Spuren zu erkennen – hier auf griechischem Boden verliert die Forderung ihr Übermäßiges, beinahe Unverschämtes. Unter diesem Licht ist ja wirklich das Geistige leiblicher und das Leibliche geistiger als irgend sonst auf der Welt. Eine Ode des Pindar, die den Faustkampf verherrlicht – wenn man sie unter diesem Himmel aufblättert, so rückt der Kampf selber, das gewaltige Ringen und Schlagen Leib gegen Leib, wie von selbst in die wahre Mitte dieses silbernen Feuers von Poesie. Durch den olympischen Festplatz, wo sie einander trafen, rücken Athen, von dem wir so viel zu wissen glauben, und Sparta, von dem wir so wenig wissen, näher aneinander. Wir erraten, daß sie beide Griechen waren und daß es im höchsten Sinne griechisches Leben war, wie sie einander umschlangen und bis zum beiderseitigen Tod gegeneinander rangen. Unsere abgeblaßte Winckelmannische Vision, die das Schöne zu nahe an ein Anmutiges, und an ein entnervtes Anmutiges, herangebracht hatte – zu nahe an Canova! – und die noch immer irgendwo in uns lauert, hatte uns vergessen machen, wie eng die Schönheit mit der Kraft verschwistert ist und die Kraft mit allem Furchtbaren und Drohenden des Lebens – wie könnte sie sonst das Leben auf die Knie zwingen!
Hier aber, vor diesen gewaltigen Resten, erinnern wir uns, daß Kastor und Pollux die Brüder Helenas und daß sie Gasträuber, Frauendiebe und gewaltige Faustkämpfer waren. Wenn wir hier die Antigone denken, so schwören wir: sie war eine Schwester des Achill, und der Trotz, mit dem sie sich ihrem König gegenüberstellt, ist nicht von geringerer Urkraft als der, welcher den Sohn der Thetis in seinem Zelt verharren ließ, dem Oberfeldherrn und hundert Fürsten in die Zähne. Diese Epheben ohne Namen, diese «Tauschwestern» von der Akropolis, diese Korai, junge, mannbare Priesterinnen, hervorgegraben aus dem Schutt der persischen Zerstörung – es sind herrliche Wesen, gewaltige vor allem. Es ist etwas Unerreichbareres in ihnen, etwas Unfaßlicheres als an den schönsten gotischen

Figuren – aber auch etwas Kompletteres: wir begreifen sie kaum – aber nie zuvor wurde durch einen leiblichen Anblick das Geistige und Leibliche in uns in der tiefsten Wurzel, dort, wo sie eins sind, so erschüttert. Diese Komplettheit ist das letzte Wort der Kultur, in der wir wurzeln: hier ist weder Okzident allein, noch Orient allein; und wir gehören beiden Welten an.

Vielleicht erfassen wir eine ganze Gestalt, die in Marmor vor uns aufsteht, noch immer mit einem romantischen Blick. Vielleicht leihen wir ihr zuviel von unserer Bewußtheit, von unserer «Seele». Wir wollen uns in acht nehmen, die unendlich verschiedenen Welten nicht zu vermischen. Aber auch ein nüchterner, nur sehr aufmerksamer Blick, geheftet auf eines dieser Trümmer: einen Arm mit der Hand, eine halbentblößte Schulter, das eine Knie einer Göttin unter dem fließenden Gewand: auch dieser nüchterne, jedes Mitschwingen ablehnende Blick füllt sich nach wenigen Sekunden unfehlbar mit dem Gefühl dieser Komplettheit, an der Geist und Sinne den gleichen wunderbar ausgeglichenen Anteil haben. Diese Hände, so schön als stark und so ohne Ostentation der Kraft oder der Schönheit, wie berechtigen sie das Wort des Anaxagoras: der Mensch sei das klügste der Tiere darum, weil er Hände besitze. Wie spielt in diesen wunderbaren Organen des Körpers der νοῦς des Anaxagoras sein freies Spiel. Organe, Werkzeuge, sie sind's, aber keine dumpferen, keine ungeistigeren als die Worte. Beim Anblick dieser wendsamen, mit Kräften trächtigen, klugen fürstlichen Glieder enthüllt sich uns, wie eine Kette von Berggipfeln aufblitzend, die philosophische Sprache der Griechen. Wahrlich, hier führen die geistigen und die leiblichen Spuren einen Weg: und sie alle führen in die Höhle des Löwen.

NOVALIS · AUS DEN HYMNEN AN DIE NACHT

Über der Menschen
Weitverbreitete Stämme
Herrschte vor Zeiten
Ein eisernes Schicksal
Mit stummer Gewalt.
Eine dunkle,
Schwere Binde
Lag um ihre
Bange Seele.
Unendlich war die Erde.
Der Götter Aufenthalt
Und ihre Heimat
Reich an Kleinoden
Und herrlichen Wundern.
Seit Ewigkeiten
Stand ihr geheimnisvoller Bau.
Über des Morgens
Blauen Bergen,
In des Meeres
Hochheiligem Schoß
Wohnte die Sonne,
Das allzündende
Lebendige Licht.
Ein alter Riese
Trug die selige Welt.
Fest unter Bergen
Lagen die Ursöhne
Der Mutter Erde –
Ohnmächtig
In ihrer zerstörenden Wut
Gegen das neue
Herrliche Göttergeschlecht.
Und die befreundeten
Fröhlichen Menschen.
Des Meeres dunkle,
Blaue Tiefe
War einer Göttin Schoß.
Himmlische Scharen
Wohnten in fröhlicher Lust
In den kristallenen Grotten –
Flüsse und Bäume,
Blumen und Tiere
Hatten menschlichen Sinn.
Süßer schmeckte der Wein,
Weil ihn blühende Götterjugend
Den Menschen gab –
Des goldenen Korns
Volle Garben
Waren ein göttliches Geschenk.
Der Liebe trunkene Freuden
Ein heiliger Dienst
Der himmlischen Schönheit.
So war das Leben
Ein ewiges Fest
Der Götter und Menschen.

ABBILDUNG: KAP SUNION. POSEIDON-TEMPEL.

PAUSANIAS · SUNION

Vom griechischen Kontinent den Kykladen zu reckt Attika das Kap Sunion ins Ägäische Meer hinaus. Umsegelst du dies Kap, so gewahrst du einen Hafen und auf der Höhe einen Tempel der Athene Sunias. Dann taucht Laurion auf, wo die Athener einst Silberbergwerke hatten, und dann das Patroklos-Inselchen, unbewohnt.

FRANÇOIS-RENÉ DE CHATEAUBRIAND · SUNION

Wir gaben die Pferde dem Führer und bestiegen das Schiff, auf welchem wir drei Matrosen fanden. Sie spannten das Segel auf, und vom Südwinde begünstigt, steuerten wir auf das Vorgebirg Sunion los.

Gegen sechs Uhr abends fuhren wir bei der Eselsinsel, ehemals Insel des Patroklos genannt, vorüber, und mit Sonnenuntergang in dem Hafen von Sunion ein. Dieser Hafen ist eine kleine Bucht, durch den Felsen geschützt, auf welchem der Tempel steht. Wir sprangen ans Land, und ich bestieg die Anhöhe.

Die Griechen zeichneten sich ebensosehr durch die Wahl der Lage ihrer Gebäude als durch die Bauart derselben aus. Die meisten Vorgebirge des Peloponnes, von Attika, Ionien und den Inseln des Archipels waren mit Tempeln, Trophäen oder Grabmälern geschmückt. Diese Kunstwerke, von Wäldern und Felsen umgeben, bei allen Wechseln des Lichtes sichtbar, bald in Wolken gehüllt, bald vom Blitze, vom Monde, vom Abendlicht, von der Morgenröte beleuchtet, mußten die griechischen Küsten außerordentlich verschönern und das so geschmückte Land dem Auge des Seefahrers unter der Gestalt der alten Cybele zeigen, wie sie, mit Türmen gekrönt und am Gestade sitzend, ihrem Sohne Neptun befiehlt, die Wellen zu ihren Füßen strömen zu lassen.

Diese Betrachtungen stellte ich an, als ich die Ruinen des Tempels von Sunion erblickte, welcher dorischer Bauart und aus der guten Zeit ist. In der Ferne sah ich das Meer des Archipels mit allen seinen Inseln. Die niedergehende Sonne rötete die Küsten von Keos, und die vierzehn schönen Marmorsäulen, an deren Fuße ich saß. Salbei und Wacholdersträuche dufteten um die Ruinen, und kaum reichte das Geräusch der tobenden Wellen bis zu mir herauf.

Da der Wind sich völlig gelegt hatte, so mußten wir mit der Weiterreise warten. Die Matrosen legten sich in das Schiff und schliefen; Joseph und der junge Grieche leisteten mir Gesellschaft. Nachdem sie einige Zeit mit Essen und Plaudern zugebracht hatten, streckten sie sich auf die Erde hin und schliefen ebenfalls ein. Ich hüllte meinen Kopf in den Mantel, um mich vor dem Tau zu schützen, und mit dem Rücken an eine Säule gelehnt, blieb ich allein wach, in das Anschauen des Himmels und des Meeres versunken.

ABBILDUNG: KAP SUNION. Die Südfront des Poseidontempels mit dem Blick auf das Meer.

Auf den schönsten Sonnenuntergang folgte die herrlichste Nacht. Das in den Wellen sich spiegelnde Firmament schien im Grunde des Meeres zu ruhen; der Abendstern, mein treuer Reisegefährte, war im Begriff, am Gesichtskreis hinabzugleiten, und man sah von ihm nichts mehr als lange, ins Meer gesenkte Strahlen, die wie ein erlöschendes Licht schimmerten. Hie und da bewegte ein Lüftchen die auf dem Wasserspiegel ruhenden Bilder des Himmels, erschütterte die Sterne und brach sich sterbend mit leisem Gemurmel an den Säulen des Tempels.

CHRISTIAN AUGUST BRANDIS · DER TEMPEL ZU SUNION

Ein frischer Nordwind schwellte die Segel und führte uns längs der öden attischen Küste gegen Abend in die dem Kap Colonna (Sunion) zunächst gelegene Bucht. Der schroffe, felsige Anydros (der östliche Teil des Hymettus), Kap Zoster, die eine Hälfte der Berge von Laurium (der höchste mit einer dem Elias geweihten Kapelle) ersetzten durch ihre Form einigermaßen den Mangel an Anbau, von dem nur sehr geringe Spuren – ein kleiner grüner Streifen zwei Stunden vor Sunion, am Metochi eines Klosters, und einiger Anflug von Seepinien unmittelbar vor diesem Vorgebirge – sich zeigen. Vor ihm wird durch eine unförmige Felsinsel und einige andere Felsen eine Meerenge von schwierigem Fahrwasser gebildet. Erst nachdem wir jene Felsinsel umschifft, trat das etwa 300 bis 400 Fuß über dem Seespiegel sich erhebende Vorgebirge plötzlich mit seinen schneeweißen Säulen auf der Spitze hervor; ihm gegenüber stand Äginas schlanker Pik, durch die unvergleichliche Klarheit der Luft nahe gerückt – die Bucht schließend – in der Glut der Abendsonne vor uns. Rasch ward der Nachen des Kaïks ins Wasser gelassen und führte uns an das Felsufer des Vorgebirges, das wir im letzten Abendrot und demnächst bei hellem Mondschein bestiegen und vorläufig betrachteten.
An der Landseite Sunions läuft vom ersten Drittel der Höhe zum Plateau hinan eine starke Befestigungsmauer, die Außenseite von Marmorquadern des nahen Gebirges sorgfältig gefügt; in ihr ist auf dem zweiten Drittel der Höhe ein runder Turm erkennbar. Unterhalb dieser Mauer finden sich Stücke einer andern. Das Plateau wird auf der Landseite von einer ebenso sorgfältig gearbeiteten Futtermauer gehalten, auf der der Tempel mit seinen Propyläen stand; von letzteren haben nur Säulentrümmer, von ersterm die Säulenreihe nach der See zu und vier Säulen nebst einer Ante der Ostseite des Porticus, am Eingange zur Cella, sowie die Fundamente der anderen Ante und einige Säulenstücke sich erhalten.
Die Stadt scheint sich terrassenförmig um die Landseite des Berges gelagert zu haben, vielleicht auch noch an einem zweiten Hügel hinansteigend, der mit jenem zusammen, nur durch enge Schlucht von ihm getrennt, den kleinen Hafen einschließt und noch jetzt zwei Seiten der einfachen Grundmauern eines ziemlich ausgedehnten länglichen Vierecks enthält.

Morgens in aller Frühe kehrten wir von unserm Kaïk, wo wir übernachtet, zu den von den ersten Strahlen der Sonne beleuchteten Tempelruinen zurück und freuten uns nun auch des herrlichen Blickes auf Makronisi (die Insel Helena bei den Alten), das sich von der Bucht von Sunion bis zu der von Thorikos erstreckt; auf die in einem spitzen Pik auslaufende Insel St. Georg (Belbina) und über Makronisi hinaus, auf Zea (Keos) und andere Inseln. Zwar fehlt den einfach dorischen Säulen von Sunion der edle Rost, der den athenischen und andern landeinwärts gelegenen alten Marmorbauten den Glanz der hellsten Bronze verleiht; aber auch die blendende Weiße der von der feuchten Seeluft angefressenen sunischen Marmorsäulen hat einen eigentümlichen Reiz, der der Annahme widerstrebt, die Alten hätten Säulen des reinsten weißen Marmors gefärbt, weil, bevor jener Rost sie überzogen, ihr Marmor starr und leblos erscheine; starr und leblos bei solcher Fülle strahlender Kristalle? – Als eine durch Lage und Befestigungswerke starke Schutzwehr für die ganz in der Nähe gelegenen laurischen Silberbergwerke (eine halbe Stunde von Sunion sieht man unmittelbar über dem Meere die Schlacken einer alten Schmelzhütte, mehrere andere weiter landeinwärts bis drei Viertelstunden über Thorikos hinaus) mag das alte Sunion, gleichwie Athen selber, vorzugsweise unter die Obhut der Athene gestellt, von großer Bedeutung gewesen sein; als Hafenorte waren Thorikos und noch mehr Prasiä ungleich bedeutender, welches letztere auch gegenwärtig (Porto Raphthi) für einen der besten attischen Häfen gilt.

LUDWIG ROSS · AUF KAP SUNION

Von der Höhe des Eilandes Pharra oder Phleräs führte uns ein frischer Hauch zwischen der Küste und Patroklu Nesos durch, aber um acht Uhr, gerade unter Sunion, befiel uns eine neue Windstille. Wir erkannten darin eine Einladung, Sunion zu besuchen, dessen Tempel mein Reisegefährte noch nicht in der Nähe gesehen hatte. Die kleine Barke unseres Kutters trug uns mit wenigen Ruderschlägen an das felsige Gestade Sunions.

Wir erstiegen den jetzt verödeten Hügel, den auf der Landseite noch ansehnliche Reste der alten Festungsmauer umgeben, und weilten einige Augenblicke in dem Schatten der ehrwürdigen Säulen, die von dem uralten Tempel der Athene noch aufrecht stehen. Sie sind nebst den Säulen im Innern des Tempels der Athene auf Ägina, so viel ich mich entsinne, die einzigen dorischen Säulen im jetzigen Griechenland, welche gleich den ägyptischen Vorbildern nur sechzehn Kannelierungen haben. Dazu kommen noch die Säulen und Halbsäulen des Theaters in Segeste, die Säulen des großen Tempels in Pästum und die von den Tempeln der Artemis und des olympischen Zeus in Syrakus. Man darf diese alle daher wohl als die einzigen normalen dorischen Säulen bezeichnen. Denn der viereckige Pfeiler des ursprünglichen ägyptischen Steinbaus erwies sich bald für Hallen und Durchgänge, wegen seiner Ecken und weil er viel Licht raubt, als unbequem; die Ägypter verfielen daher darauf, seine Ecken abzuschrägen, und so entstand die Säule mit acht glatten Seiten, von der Griechenland in den uralten Ruinen des Heiligtums der Artemis Limnatis ebenfalls ein Beispiel aufbewahrt hat. Aber auch so blieb die Säule noch zu eckig; man beschnitt ihre acht Winkel nochmals und gelangte dadurch zu der sechzehnseitigen Säule, die der runden schon um ein bedeutendes näher kommt. Der nächste Schritt war dann, aus optischen Gründen, um einen gefälligeren Wechsel von Licht und Schatten hervorzubringen, die sechzehn Seiten flach zu kannelieren, und so war die normale ägyptisch-dorische Säule da, wie wir sie in den Überresten aus der ältern ägyptischen Kunstperiode vor dem Einfalle der Hyksos und ausnahmsweise noch unter der achtzehnten Dynastie bis ins 15. Jahrhundert vor Christo finden.

Der griechische Schönheitssinn verfiel später darauf, die Zahl derselben auf zwanzig zu setzen, indem man, von der runden Säule ausgehend, ihre Peripherie in vier gleiche Teile teilte und jedem derselben fünf Hohlstreifen zuwies.

Nachdem wir die Reste des Tempels, des Propylons auf seiner Nordseite und der Festungsmauer umgangen, kehrten wir wieder an den Strand zurück und bemerkten an der Westseite des Hügels einen natürlichen, halbkreisförmigen Einschnitt, der vielleicht als Theaterrund für die Zuschauer bei den Wettkämpfen diente, die hier zur See gehalten wurden. Unten am Ufer liegen mehrere Säulenblöcke, die gewaltsam hinabgewälzt worden sind. Um 9 Uhr waren wir wieder an Bord, aber die Windstille wurde nur auf Augenblicke von einem trügerischen Lüftchen unterbrochen, und so arbeiteten wir uns mühsam in den Kanal hinein, der die Insel Helena von dem attischen Festlande trennt.

SOPHOKLES · SUNION

Ach, wär ich, wo am Meer
Das waldige Vorgebirg,
Umrauscht von Wogen, ragt,
Bei Sunions steilem Fels,
Dich anzurufen, o du
Hochheilige Stadt Athen!

Aus «Aias».
Deutsch von Emil Staiger

ABBILDUNG: SIEGERSTELE VOM KAP SUNION. Ein Ephebe setzt sich den Siegerkranz auf. Höhe des erhaltenen Teils 62 cm, Marmor mit Farbresten; der Kranz bestand wahrscheinlich aus Metall. Attisch, um 475 v. Chr., an der Wende des archaischen Stils zum strengen Stil aus der Zeit der Perserkriege.

Endlich brach der große Tag an, wo wir Athen betreten sollten. Den 23. August um drei Uhr morgens saßen wir alle zu Pferde und ritten schweigend den heiligen Weg entlang. Ich kann behaupten, daß der eifrigste Verehrer der Ceres und ihrer Mysterien niemals ein solches Entzücken verspürte, wie das meinige war.
Wir kamen an die Salzbäche, wo während der eleusinischen Feste das Volk sich auf Kosten der Vorübergehenden belustigte, zum Andenken an Ceres, welche hier von einem alten Weibe war beschimpft worden. Von da wendeten wir uns nach der äußersten Spitze des Kanals von Salamis und traten in das durch die Gebirge Parnes und Ägaleus gebildete enge Tal; dieser Teil des heiligen Weges hieß Mystikon. Wir erblickten das Kloster Daphne, welches auf den Ruinen des Apollontempels erbaut und dessen Kirche eine der ältesten in Attika ist. Weiterhin sahen wir einige Überreste vom Tempel der Venus. Später öffnete sich das Tal; wir bogen um den Berg Pözile, welcher in der Mitte des Weges steht, gleichsam das Gemälde zu verdecken, und plötzlich lag die Ebene von Athen vor unsern Blicken.
Der erste Gegenstand, der mir ins Auge fiel, war die von der aufgehenden Sonne beleuchtete Zitadelle. Sie stand mir gerade gegenüber, jenseits der Ebene, wie angelehnt an den Berg Hymettus, welcher den Hintergrund des Gemäldes bildete. Der Anblick bot in buntem Gemische die Kapitäler der Propyläen, die Säulen vom Parthenon und vom Tempel des Erechtheus, die Schießscharten einer mit Kanonen besetzten Mauer, die gotischen Steinmassen der Christen und die elenden Häuser der Türken dar.
Der erste Augenblick einer lebhaften Aufregung ist nicht der des eigentlichen Genusses. Ich näherte mich Athen mit einer Art von Entzücken, welches mich am Nachdenken hinderte; doch fühlte ich nicht dasselbe, was ich beim Anblick von Lakedämon empfunden hatte. Sparta und Athen haben selbst noch in ihren Ruinen ihre ganz verschiedene Eigentümlichkeit beibehalten; jene der ersteren Stadt haben ein finsteres, ernstes, ödes Aussehen; jene der letzteren dagegen sind freundlich, gefällig, bewohnt. Lykurgs Vaterstadt weckt nur ernste, männliche, tiefe Gedanken, und der sich gestärkt fühlende Geist scheint sich zu erheben und zu erweitern. Sieht man dagegen die Stadt Solons, so ist man wie verzaubert von den Spuren des Genies, und man macht sich einen Begriff von der Vollkommenheit des Menschen als eines verständigen und unsterblichen Wesens. Die Liebe zum Vaterland und zur Freiheit war bei den Atheniensern nicht ein blinder Instinkt, sondern ein klares, auf den Sinn für alles Schöne, das ihnen der Himmel so reichlich beschieden hatte, gegründetes Ge-

ABBILDUNG: KUROS VOM KAP SUNION. Weihestatue eines Jünglings, zirka 3 m hoch, Marmor (mit Ergänzungen in Gips am Gesicht, an den Armen und Beinen), um 600 v. Chr. Gefunden 1906 am Poseidontempel, jetzt im Nationalmuseum Athen, zeigt den früharchaischen Stil auf dem Höhepunkt.

fühl. Kurz, als ich von den Ruinen Lakedämons zu jenen von Athen überging, war es mir, als hätte ich mit Leonidas sterben, mit Perikles aber leben mögen.

Wir gingen nun nach der kleinen Stadt, deren Gebiet sich auf nicht mehr als fünfzehn bis zwanzig Stunden erstreckte, deren Bevölkerung nicht jener einer Vorstadt von Paris gleichkam und welche doch in der Waagschale des Ruhms dem römischen Reich das Gleichgewicht hält. Den Blick beständig auf die Ruinen geheftet, wendete ich auf diese Stadt folgende Verse des Lukrez an:

> Würdig des hohen Ruhms, Athen verteilte die ersten
> Früchte milderer Saat den armen Sterblichen, schaffte
> Ihrem Leben Ruh und Schutz durch weise Gesetze,
> Lehrte zuerst die Kunst, des Lebens froh zu genießen.

Ich kenne nichts, was den Griechen mehr zum Ruhme gereichte als folgende Worte Ciceros: «Erinnere dich, Quintus! daß du Anführer der Griechen bist, welche alle Völker aufgeklärt, sie Sanftmut und Menschlichkeit gelehrt haben, welchen Rom die Kenntnisse verdankt, die es besitzt!» Wenn man bedenkt, was Rom zur Zeit des Pompejus und Cäsar, was Cicero selbst war, so findet man in diesen wenigen Worten die herrlichste Lobrede.

ABBILDUNG: DIE AKROPOLIS VON ATHEN, die auf einem Kalkfelsen sich erhebende Götterburg, überragt vom Parthenon. Blick vom Musen-Hügel nach Nordosten. – Unten: Blick von der westlichen Auffahrt auf die Akropolis mit dem zum Teil aus späterer Zeit entstandenen Mauerwerk, den Propyläen, dem Niketempel und dem rechts im Hintergrund sichtbaren Parthenon.

DOPPELSEITE: Blick von Westen auf die Akropolis mit Propyläen, Niketempel und Parthenon. Links der Lykabettos.

Athens schönster Besitz, der allein noch für Griechenlands einstige Größe zeugt, sind die weltberühmten Bauten, die Perikles hat aufführen lassen und um derentwillen man ihn am meisten angefeindet, weil die Kosten aus Bundesgeldern bestritten worden. Dem hielt er entgegen, für die Verwendung des Bundesschatzes sei Athen den Bundesgenossen keine Rechenschaft schuldig, denn sie seien es, für die es die Kriege führe und es sie vor Invasion schütze, und was nun nach Deckung der Ausgaben für Rüstung übrig, das möchte die Athener in der Nachwelt zu unvergänglichem Ruhm und in der Gegenwart zu allgemeinem Verdienst bringen. In der Tat sollte dann dies öffentliche Bauunternehmen jedem Alter und Beruf seinen Wohlstand verschaffen, denn so wie das Bundesvermögen die Kriegsdienstleistungen vergolten, so konnte es den zivilen Ständen für getane Arbeit Entgelt bieten. So entwarf denn Perikles seine großartigen Baupläne, zu deren Verwirklichung er der Mitwirkung aller bedurfte: Zimmerleute, Bildhauer, Kupferschmiede, Steinhauer, Färber, Goldschmiede, Elfenbeindrechsler, Maler, Sticker und Bildschnitzer, sie alle hatten Stein, Erz, Elfenbein, Gold, Ebenholz und Zypressenholz zu bearbeiten, und zu dessen Transport bedurfte es zur See der Reeder, Kapitäne und Matrosen, zu Lande der Wagner, Pferdehalter, Fuhrleute, Seiler, Leineweber, Sattler, Wegmacher und Mineure, und jedes Gewerbe war straff organisiert.

Das Erstaunlichste am Vollbringen dieser unvergleichlichen Kunstbauten war indes, daß es in der Ära dieses einen Perikles vollendet war. Mag auch Zeuxis dem Maler Agatharchos, als der sich seines raschen Schaffens rühmte, erwidert haben, ihm gehe das Werk nur langsam vonstatten, und mögen wahre Kunstwerke ihre Zeit brauchen, um zu Ewigkeitswerten zu werden, eins ist ebenso gewiß – nur um so mehr verdienen diese herrlichen Bauten des Perikles schrankenlose Bewunderung! Denn was sie so schön macht, so unvergleichlich schön, das ist der unfaßbare Adel der Gesinnung, der zeitlos darin zum Ausdruck kommt: Ein Blütenhauch wie vom ewigjungen Begriff der Menschenwürde.

Die gesamte Leitung des Unternehmens hatte Phidias inne, ihm unterstanden alle Architekten und Künstler, alle hochbedeutend. Den hundert Quadratfuß haltenden Parthenon schufen Kallikrates und Iktinos, und den Mysterientempel zu Eleusis die Meister Koroebos, Metagenes der Xypetier und Xenokles von Cholarge, der erste die Kolonnaden des Erdgeschosses, der andere – nach dessen Tod – den Fries und die obere Säulenreihe, der dritte den Dachbau mit dem Oberlicht. Die gewaltige Mauerbaute zum Piräus hinaus, von der Sokrates gesagt, er habe selber noch Perikles den Antrag dazu einbringen hören, war dem Kal-

ABBILDUNG: MOSCHOPHOROS (KALBTRÄGER) VON DER AKROPOLIS, Weihestatue, einen Hirten darstellend, der ein Kalb trägt, 1864 gefunden, Marmor vom Hymettos mit Farbspuren, die Augen ehemals eingesetzt, mit dem 1887 gefundenen Sockel aus Kalkstein 1,65 m hoch, um 570–560 entstandenes attisch-archaisches Werk. Akropolis-Museum, Athen.

likrates unterstellt. Die Propyläen, das Prunktor zur Burg, hat in fünf Jahren der Architekt Mnesikles zustande gebracht, und ein Wunder, das sich beim Bau ereignete, zeigt so recht, wie das nicht ohne Beistand der Göttin selber erfolgen konnte, denn als der fleißigsten Arbeiter einer vom Gerüst stürzte und schwer verletzt von den Ärzten aufgegeben war, erschien dem Perikles im Traumleid darob die Göttin, ein Heilmittel zu verordnen, und siehe da, es vermochte den Mann ohne weiteres wiederherzustellen! Zum Gedenk dessen hat er dann das Erzbild der heilkundigen Athene gestiftet, das in der Burg neben dem Altar steht, der von alters her da sein soll. Athenes Goldstatue endlich schuf Phidias selber, sie ist zu Füßen mit seinem Namen gezeichnet. Daß er über die Werke und Künstler die Oberaufsicht hatte, vom Vertrauen des Perikles dazu auserwählt, hat ihm Neid eingetragen und dem Perikles die Nachrede, für ihn sei es geschehen, daß Phidias die Damen des Adels in seinem Atelier empfangen habe.

ERNST CURTIUS · DIE AKROPOLIS VON ATHEN

Akropolis heißt Hochstadt oder Burg. Zur Zeit, da die Griechen ihre Städte bauten, war Land und Meer durch Räuberei gefährdet. Daher bauten die ältesten Ansiedler auf Höhen, die von der Küste entfernt lagen, verstärkten, wo es not tat, die natürliche Festigkeit und gründeten oben ihren Göttern Heiligtümer.

Athen ist, wie Rom, eine Hügelstadt, oberhalb einer fruchtbaren Ebene zwischen felsigen Höhen gelagert. Man wählte zur Burg nicht den höchsten der Felshügel, sondern denjenigen, welcher oben die größte Fläche, rings umher die steilsten Wände darbot. Nach Norden, Süden und Osten senkt sich der Burgfelsen mit unzugänglichen Abhängen in das Tal, nur gegen Westen dacht er sich allmählich ab, nur hier liegt über seinem Fuße eine breite Erdlage, auf welcher der Weg zu der Hochfläche hinaufführt. Dies Plateau des Felsens, der sich kaum 400 Fuß über der Stadt erhebt, war aber von Natur nicht so glatt und eben, wie es jetzt erscheint; sondern die ganze Tätigkeit der Ansiedler mußte damit beginnen, dem rauhen Felsrücken Flächen abzugewinnen zur Gründung ihrer Niederlassung. Diese Ebnung des Berges nebst der Befestigung des Aufganges, erzählten später die Athener, sei das Werk der Pelasger. Die Pelasger sind die Anfänger der höheren Kultur bei den Griechen; wie sie hier den Felsgrund für die spätern Kunstanlagen der Athener geebnet haben, so haben sie überall durch Gottesdienst, Ackerbau und Sitte den sichern Grund für die Ausbildung des hellenischen Lebens gelegt.

Auf dem geebneten Burgfelsen nun bauten die ältesten Athener ihre Heiligtümer, welche hier, wie durchweg in Griechenland, den Mittelpunkt der Niederlassung bildeten. Es hatte aber jeder Stamm eine Gottheit, welche er vor allen andern verehrte. Das besonders innige Verhältnis, welches der einzelne Stamm zu der bestimmten Gottheit hatte, pflegt die heilige Sage der Griechen so darzustellen, daß, als der Gründer des Stammes, als Stammheros ein Sohn oder Zögling jener Gottheit erscheint und durch sein halbgöttliches Wesen zwischen den Sterblichen und Unsterblichen vermittelt. Dieser Stammheros der

Athener war Erechtheus und seine göttliche Pflegerin, die Tochter des Zeus, Athene – das war die Stamm- und Burggöttin. Für ihr Bild gründete man zuerst eine heilige Stätte, ihre jährlichen Feste waren die erste Sorge. Neben ihr feierten die alten Erechthiden das Andenken ihres Stammvaters. Erechtheus ist ihnen das Unterpfand des bleibenden Segens der Göttin, die Burg ist seine Wiege, sein Herrschersitz, sein Grab. Aus seinem Geschlechte herrschen von hier aus die Fürsten über das Land; vor den Toren ihres Palastes sprechen sie dem versammelten Volke Recht. So sind auf der Burg alle Keime des öffentlichen Lebens, Religion, Regierung, Gericht, ursprünglich wie in einer Knospe beschlossen. Ihre Anfänge sind in Dunkel gehüllt; ihre Entfaltung erst liegt im Gebiete geschichtlicher Erkenntnis.

Zur Zeit der Peisistratiden hatte sich schon eine volkreiche Stadt um den Fuß der Akropolis gebildet. Bei jedem Zuwachse an äußerer Macht war es die Verehrung der Burggöttin, welche neuen Glanz gewann; schon war ihr neben dem ältesten Heiligtume ein zweiter Tempel errichtet und der Politik jener Gewaltherrscher zufolge die Pracht der Volksfeste außerordentlich erhöht worden.

Die Peisistratiden waren vertrieben; das freie Athen war in der raschesten Entwicklung begriffen, da wurde es von einem schweren Unheile getroffen. Das Perserheer überschwemmte das wehrlose Attika; von ihren Schiffen, von den nahen Küsten sahen die Bürger ihre Häuser in Flammen stehen; ja, in die heilige Burg drangen auf heimlichem Wege die Barbaren und verbrannten die Tempel und Altäre. Da schien es wohl, als habe Athene ihre Stadt verlassen und ihre Burg preisgegeben; doch siehe, am Tage nach dem Brande treibt zum schönen Wahrzeichen der heilige Ölbaum wieder frische Zweige, und lorbeerbekränzt tragen die Athener das Bild ihrer Göttin an die alte geweihte Stätte, von wo nun ihr Segen reicher als jemals zuvor auf die Stadt der Athener niederströmte.

Die Herrschergewalt war inzwischen von der Burg herabgestiegen, Regierung und Gericht dem Volke übergeben, das ganze Staatsleben hatte seinen Sitz in der Unterstadt, die Burg war den Göttern geräumt. Jetzt galt es, diesen die Ehre zu geben von allen errungenen Siegen und der Stadt selbst ein Denkmal ihrer glorreichsten Zeit zu errichten. Die Umstände konnten dazu nicht günstiger sein. Architektur und Skulptur waren eben zu den höchsten Leistungen herangereift; Athen war der Sitz eines lautern Geschmackes und einer begeisterten Kunstliebe, die Bürger durrhdrungen von dem Gefühle des Ruhmes ihrer herrlichen Stadt; ihre Flotten herrschten auf dem Meere, ihr Hafen war der Marktplatz von ganz Griechenland, viele hundert Insel- und Küstenstädte sandten ihren jährlichen Tribut in die Bundeskasse auf der Burg, wo aus dem Überschusse der Einnahmen ein Schatz von mehr als 13 Millionen Taler beisammen war; wenige Stunden von Athen hatte man unerschöpfliche Adern des schönsten Marmorsteines entdeckt; zwei Männer endlich wie Perikles und Phidias standen beieinander, um mit allem Aufwande der reichsten Mittel die öffentlichen Arbeiten zur Wiederherstellung der zerstörten Heiligtümer zu leiten. Nun begann in den Werkstätten der Steinmetzen, der Bildhauer, der Erzgießer, der Gold- und Elfenbeinarbeiter die lebendigste Tätigkeit; in langen Zügen schleppten die Saumtiere die Marmorblöcke auf die Akropolis, wo sie unter dem wachsamen Auge des Meisters zum schönsten Tempelgebäude sich zusammenfügten. Als dränge das Gefühl, es möge die Zeit des Glückes und des Friedens nicht lange währen, wurde unablässig gearbeitet. Kaum war der große Athenetempel vollendet und die Statue am Panathenäenfeste der 85. Olympiade dem staunenden Volke enthüllt worden, so begann die zweite große Arbeit. Die durch den neuen Tempel geschmückte Burg bedurfte eines neuen Tores für die festlichen Einzüge, und über dem Schutte des alten Burgtores erhoben sich die Hallen der Propyläen. Schon standen diese in ihren wesentlichen Teilen da, nur die letzte Überarbeitung fehlte noch, die Glättung der Marmorwände und des Fußbodens – da brach die lang verhaltene Stammeifersucht zu offnem Kriege aus, welcher die Staatsmittel zu andern Zwecken in Anspruch nahm und mit einer Demütigung Athens schloß, aus der es sich nie vollständig erheben konnte.

PAUSANIAS · DIE PROPYLÄEN UND DER NIKETEMPEL

Zur Akropolis führt ein einziges Tor. Einen andern Zugang hat sie nicht, rundum stürzt die Steilwand ab und trotzt die Ringmauer. Und dies eine Tor, Propyläen genannt, ist aus weißen Marmorplatten gefügt, daß sie heute noch an gewaltiger Pracht ihresgleichen suchen.

Rechts davon erhebt sich der Tempel der ungeflügelten Nike. Von da aus hat man den Blick aufs Meer. Und von hier soll Ägeus sich in die Tiefe gestürzt haben, sein Leben zu enden. Als nämlich das Schiff mit den Kindern nach Kreta fuhr, waren schwarze Segel gesetzt, und diese sollte Theseus, würd' er den Minotaurus erlegen, auf der Heimfahrt durch weiße ersetzen, damit man von weitem schon sähe, daß das Unternehmen geglückt. Doch ob der Ariadne hatte Theseus dann dieses Signales vergessen, und so kam es, daß Ägeus, als er wieder schwarze Segel sah, seinen Sohn tot wähnte und, darüber verzweifelt, sich die Burg hinabstürzte.

ABBILDUNG: NIKE, AN IHRER SANDALE NESTELND, die sogenannte Sandalenbinderin, Relief in Marmor, 1,05 m hoch, aus der Reihe von Nike-Darstellungen auf dem Fries der Balustrade des Niketempels. Um 410 v. Chr. 1835 wiedergefunden und heute im Akropolis-Museum zu Athen.

Folgende Seiten: PROPYLÄEN. Blick durch den Mittelteil gegen das Innere der Akropolis, links gegen das Erechtheion, rechts gegen den Parthenon. Am Hauptdurchgang die eine wiederaufgerichtete der sechs ionischen Säulen, 10,29 m hoch, mit 24 Kanneluren, die dorischen Säulen bis 8,81 m hoch mit 20 Kanneluren.

ERNEST BEULÉ · DIE PROPYLÄEN

Als es sich darum handelte, für die Akropolis ein ihrer würdiges Eingangstor zu schaffen, erdachte der Architekt Mnesikles einen ebenso einfachen als großartigen Plan.

Die ansteigende Höhe gekrönt von einer Mauer mit fünf Toren – das ist das Hauptmotiv. Ein Hof und eine Säulenhalle bilden den Zugang. Zwei parallele Mauern stehen im rechten Winkel, als Seitenwände des Vorhofs. Rechts und links, durch Stützmauern auf gleiche Höhe gehoben, springen zwei Flügel vor und umrahmen mit ihren Säulenreihen die Hauptfassade. Auf der andern Seite der Tore öffnet sich ein vierter Portikus, ähnlich dem vordern mittleren, aber von geringer Tiefe und ohne Hof, gegen das Innere der Akropolis.

Es mag scheinen, als habe bei den Propyläen die Kunst sich weniger an den Toren selbst als an dem, was ihnen vorangeht, entfaltet. Und doch bilden die Tore Mittelpunkt und Einheit des gesamten Bauwerks.

Schon unten auf der Treppe erblickt man beim Aufsteigen durch die fünf Öffnungen zwischen den Säulen die fünf Tore. Nach rechts und links nehmen sie symmetrisch ab; man erblickt sie von allen Stufen der Treppe, die einen überwältigenden Zugang von fast siebzig Fuß Breite zu ihnen hin bildet. Das mittlere Tor ist bei weitem das größte, und um nicht – wie das in den Tempeln der Fall ist – einen Teil davon zu verdecken, ist der dorische Stil von seinen Regeln abgewichen und hat die beiden mittleren Säulen in einen ungewöhnlichen Abstand voneinander gestellt. Betritt man die Säulenhalle auf dem so eröffneten Wege, findet man ihn auf jeder Seite von drei ionischen Säulen eingerahmt, die die Vorhalle in zwei Hälften teilen und gleichsam eine anmutige Allee zum Haupttor hin bilden. Wer dann die Akropolis selbst betreten hat und sich zurückwendet, der erblickt die fünf Tore noch einmal durch die Kolonnade der inneren Propyläen. Alles trägt somit dazu bei, Augen und Aufmerksamkeit ständig auf das Hauptmotiv hinzulenken, das durch den Schmuck seiner Umgebung, je ausladender er ist, nur um so mehr hervorgehoben wird.

Das Bauwerk ist ganz aus pentelischem Marmor, selbst die den Felsen bedeckenden Platten, die auf den Hang gelegten Stufen. Dieses Material, das uns heute so wertvoll erscheint, hatte bei den Athenern nicht einmal einen Namen. Es war ein Stein wie jeder andere, der weiße Stein des Pentelicus, der in Gestalt eines riesigen Berges dalag, aus dem man ihn nur herauszubrechen brauchte. Hingegen bewunderten die Alten an den Propyläen die Ausmaße der Blöcke, die den Portikus bedeckten. Man sieht in der Tat heute noch Architrave von zwanzig Fuß Länge; der Schlußstein des großen Tores mißt zweiundzwanzig Fuß, nur zwei Fuß weniger als der des berühmten Atreustores in Mykene.

ABBILDUNG: DIE PROPYLÄEN, das westliche Torgebäude der Akropolis von Athen. Nach Vollendung des Parthenons 437 v. Chr. auf ältern Grundmauern von Mnesikles begonnen, aus pentelischem Marmor. – Oben: Die östliche Front: von der Plattform der Akropolis aus gesehen. – Unten: Blick von der Rampe des Niketempels auf die westliche Eingangsseite.

Mehr noch zu bewundern als die Kraft, die diese Blöcke emporstemmte, und als die Kunst, mit der sie wie eine leichte Last auf sechs ionische Säulen gelegt sind, ist der Genius, der jedem Teil dieses Bauwerks seine vollendetste Proportion gab und das Ganze in einer idealen Harmonie verband. An den Propyläen war alles erstmalig und zeugte von großer Kühnheit bei einem Volke, das, wie die Griechen, sich in der Kunst an das Überlieferte gebunden fühlte. Die Säulen der großen Eingangshalle haben einen gänzlich ungewohnten Abstand und stören dadurch die übliche Anordnung des Gebälks; im Innern des Vorhofs stellt der ionische Stil seine anmutigen Voluten neben das strenge Profil des dorischen Kapitells; seine schlanken Schäfte stehen in einer Reihe neben den mächtigen Trägern eines wuchtigeren Stils, seine grazilen Basen neben den schweren Tellern der Säulen, die nackt auf den Steinplatten aufsitzen. Die Gegenüberstellung der Fassade in ihrem großen Stil und der kleinen dorischen Säulen der Flügel ist gewagt. Aber aus allen diesen nicht unschwierigen Problemen heraus wuchs nur neue Schönheit. Ich brauche keine anderen Richter hierüber als die Griechen selbst und ihre einmütige Bewunderung. Ein weit kunstverständigerer Geist als Pausanias hat die Kunstwerke des großen Jahrhunderts, insbesondere das Odeon des Perikles, den Parthenon und die Propyläen gefeiert. «Diese Bauwerke» – so sagt Plutarch – «sind von so herrlicher Größe, von so erlesener Schönheit und unnachahmlicher Anmut... Vom ersten Tage an erschienen sie in ihrer Vollkommenheit antik. Heute dagegen hielte man sie in ihrer Frische für neu und gestern vollendet, da ein Glanz der Jugend über ihnen liegt, den die Zeit nicht zu zerstören vermag. Ein unsterblicher Atem lebt in diesen Werken, als hätten sie eine Seele, die nicht alt werden kann.»
«Sie waren es», sagt er anderswo, «woran man sich in Athen am meisten freute, sie waren der größte Schmuck dieser Stadt und trugen ihr die Bewunderung der ganzen Welt ein; und das allein bezeugt, daß die so viel gerühmte Macht und die Blüte des alten Griechenland keine Lüge sind.»
Von den Geschichtsschreibern werden die Propyläen nicht nur zu den schönsten Denkmälern Athens gezählt, sie werden auffallenderweise sogar vor dem Parthenon erwähnt: «Dreitausend und siebenhundert Talente» – sagt Thukydides – «wurden für die Propyläen der Akropolis, die übrigen Gebäude und die Belagerung von Potidea ausgegeben.» – Es waren die Propyläen, auf die Demosthenes mit der Hand zuerst deutete, als er die Schönheit der Bauwerke pries, die das alte Athen errichtet hat. Und doch bot sich der Parthenon denen, die vom Pnyx aus ihn zur Rechten auf dem Gipfel des Felsens sich erheben sahen, noch majestätischer dar.
Beredter noch als die Lobsprüche der Athener ist der Neid ihrer Rivalen. Was wünschte sich Epaminondas, berauscht durch seine raschen Siege, zum Schmucke seines Vaterlandes? War es der Parthenon mit den Meisterwerken des Phidias? War es das Odeon des Perikles, dessen Dach dem Zelt des Perserkönigs gleichsah? Nein: es waren die Propyläen. «Die Propyläen der Akropolis» – so sagt er offen vor den versammelten Thebanern – «müssen hierher gebracht werden, und sie sollen den Zugang zur Kadmea schmücken.»
Die Propyläen mußten durch ihre Neuartigkeit die Griechen sonderlich bewegt haben. Der Parthenon war mindestens so schön und so vollkommen als die Propyläen. Nach den herr-

schenden Stilregeln erbaut, unterschied er sich aber von den großen dorischen Tempeln Griechenlands nur durch die Wahl des Materials, die Ausfeilung der Einzelheiten, durch gewisse ideale Proportionen und schließlich auch durch Feinheiten, an denen sich wohl die Künstler freuten, die aber auf die große Menge keinen Eindruck machten. Die Griechen, so sehr sie, was die Kunst anbetrifft, an der Tradition festhielten, waren naturgemäß, wie alle Menschen, empfänglich für das Neue. Wenn nun dieses Neue, wie die Propyläen, solcher Art war, daß es alle Anforderungen der Vernunft und der hochentwickelten Liebe zum Schönen zu erfüllen imstande war, mußte wohl ihr leidenschaftlicher Geist in Begeisterung aufflammen. Die schöne Anordnung des Bauwerks, sein Rhythmus, eine Schlichtheit, die sogar auf den Schmuck durch Plastik verzichtete und der Linienführung und den Proportionen die ganze Wirkung überließ, dann die so glückliche Verquickung und Harmonie der verschiedenen Stile, die Schwierigkeiten, aus deren Überwindung nur leuchtend die Vorteile wuchsen, alles dies erheischt Bewunderung, Bewunderung, die noch glühender wird, wenn jene unbekannten Gefühle hinzukommen, die das Neuartige weckt.

Da wir nun heute noch durch die Schönheit und Größe der Propyläen erschüttert sind, wie wäre es wohl vor zwei Jahrhunderten gewesen, als das Denkmal noch vollständig erhalten war? Denn man kann sich fragen, wer von beiden in diesem verhängnisvollen 17. Jahrhundert mehr gelitten hat, der Parthenon oder die Propyläen? Die Marmortreppe ist zum Teil verschwunden, und an Stelle der herrlichen Rampe sieht man nur noch einzelne verstreute Fliesen. Von den sechs großen dorischen Säulen, die die Fassade der Propyläen bildeten, sind es nur zwei – die Ecksäulen –, die noch ihre Kapitelle tragen und durch den Architrav mit den Pfeilern verbunden sind, die die beiden Mauern des Vorhofes abschließen. Diese Kapitelle stehen an Schönheit denen des Parthenons in keiner Weise nach. Sie zeigen denselben Schwung, dieselbe Geschlossenheit, dieselbe Anmut. Man erkennt in ihnen die Schule der athenischen Architekten, die die dorische Kunst zu ihrer höchsten Vollkommenheit getrieben haben, den Schritt zu einer weiteren Entwicklung aber nicht machen konnten. Die Formen waren festgelegt, die Kombinationen dagegen mannigfaltig, und gerade in ihnen offenbarte sich das Genie des Künstlers.

Die Propyläen hatten keinerlei militärischen Charakter. Weder der Stil ihrer Architektur, weder ihre strategischen Vorteile, weder die übliche Verwendung ähnlicher Gebäulichkeiten, noch die Geschichte oder das Zeugnis eines einzigen alten Schriftstellers berechtigen, wie mir scheint, zu einer solchen Annahme.

Die Propyläen waren ein Schmuck, nichts anderes, ein herrlicher Schmuck, bei dessen Gestaltung der Künstler, nur durch die Besonderheiten des Geländes gebunden, sich ganz seinen Inspirationen hingeben durfte. Er hatte Zeit, Millionen, auserwähltes Material, die geschicktesten Handwerker, alles zur freien Verfügung. Dieser Felsen, um welchen Götter sich gestritten und der ein Volk hatte groß werden sehen, er sollte der schönste Ort der Welt werden. Wenn das tributpflichtige Griechenland seine Schätze dorthin brachte, zeigten die Athener mit Stolz ihn, den mit Kunstwerken geschmückten, den Griechenland ewig ihnen zu neiden verdammt war.

BYRON · AUS «HAROLDS PILGERFAHRT»

AUF DER AKROPOLIS

Du Maid des Himmels, komm! du Blaugeaugte!
Du hast zwar nie ein Trauerlied geweiht! –
Hier stand dein Tempel, wo man Weisheit saugte,
Steht noch, trotz Flammenglut und Krieg und Zeit,
Deckt deinen Dienst auch die Vergessenheit.
Doch schlimmer ist als Zeit und Kriegestoben
Des Zepters und der Herrschaft Grausamkeit,
Wenn solche Menschen mächtig sich erhoben,
Die nicht die Glut gewärmt, die Edle nur erproben.

Uraltes, herrliches Athen! wo sind
Die seelengroßen Männer deiner Macht?
Sie flohn, ein Traum vergangner Zeit, geschwind;
Die ersten stets am Ziel, wo Ruhm gelacht,
Sie siegten – schwanden. Und dies heißt vollbracht?
Ein Knabenmärchen, Wunder kurzer Stunden!
Des Kriegers Waffe wie des Priesters Tracht
Sucht ihr umsonst! Von Moderdunst umwunden
Zeugt manch verfallner Turm vom Glanze, der entschwunden.

Des Osten Sohn steht auf! Komm näher nun,
Doch störe nicht die Urnen in den Hallen,
Sieh diesen Ort, das Grab, wo Völker ruhn,
Und Götter, denen nicht mehr Opfer wallen.
Selbst Götter schwinden, Religionen fallen –
Der Glaube Mahoms trat nach Zeus hervor,
Bis neue Lehren den auch überschallen.
Umsonst steigt Opferglut und Rauch empor!
Der Mensch, das Kind des Wahns, baut hoffend nur auf Rohr.

ABBILDUNG: NIKETEMPEL auf der Akropolis zu Athen, der Athena Nike (Nike Apteros) geweiht, kurz nach den Propyläen entstanden, aus pentelischem Marmor, 8,27 m lang und 5,44 m breit, die acht ionischen Säulen der beiden kleinen Vorhallen vor der Zella 4 m hoch. Von Ludwig Roß mit Hilfe von Schaubert und Hansen 1835–36 aus dem Schutt der türkischen Bastionen neu errichtet.

Laßt mich hier sitzen auf dem Felsenblock;
Der Marmorsäule nie gewanktem Grunde:
Hier thronest du im lieblichen Gelock,
Du mächt'ger Sohn Saturns, so manche Stunde!
Hier werde mir von sonst'ger Größe Kunde!
Umsonst! Die Phantasie baut nimmer auf,
Was längst verfiel dem grausen Zeitenschlunde:
Doch tönt kein Seufzer um den Säulenknauf,
Herzlos eilt Griech' und Türk' vorbei im raschen Lauf.

Doch von den Schändern jenes Heiligtumes,
Aus dem gezwungen Pallas nur geflohn,
Da es der letzte Rest des Reichs und Ruhmes,
Wer sprach am meisten aller Ehrfurcht Hohn?
Erröte, Schottland, denn es war dein Sohn!
England, mich freut, daß es dein Kind nicht war,
Du schonst das Freie, selber freie, schon!
Doch jene plünderten den Weihaltar,
Und schleppten fort zum Meer, das grollend trug die Schar.

SUNION

Wer je auf dunkelblauem Meere fuhr,
Genoß wohl oftmals Schönes, möcht' ich wähnen:
Die frische, kühle Luft in der Natur!
Das stolze Schiff, des Segels weiße Mähnen,
Versehn mit Mast und Tau und kleinen Kähnen,
Das schmucke Schönfahrsegel ausgespannt,
Der Deckungsschiffe Zug gleich wilden Schwänen,
Der trägste Seemann fühlt sich neu ermannt,
Wird kräuselnd rings das Schiff vom Wellenschaum berannt!

ABBILDUNG: WEIHRELIEF AN ATHENE VON DER AKROPOLIS, sogenannte «Trauernde Athene», 54 cm hoch, parischer Marmor mit leichten Farbresten, wahrscheinlich ein Werk des großen Bildhauers Myron, um 460. Akropolis-Museum, Athen. Athene steht, auf ihre Lanze gestützt, sinnend vor einem Grenzstein.

Und doch wie schön bist du in deinem Weh,
Gottgleicher Menschen, toter Götter Land!
Der Täler Immergrün, der Berge Schnee
Verkündet, wie Natur dir zugewandt;
Doch deiner Tempel, Türme Pracht entschwand,
Sich langsam mischend mit dem Heldenstaube,
Der aufgewühlt ward von des Pflügers Hand.
Ein jedes Denkmal dient der Zeit zum Raube:
Flieht alles auch, bleibt doch, was tat der Tugendglaube.

Noch ist dein Himmel blau, dein Felsen wild,
Schön sind die Täler und so grün die Auen,
Der Ölbaum reift, als schirm' ihn Pallas' Schild,
Und Honig träuft in des Hymettus Gauen;
Noch sieht man Bienen duftge Zellen bauen,
Die freigebornen Wandrer dieser Höhn;
Noch lange läßt Apoll den Sommer blauen,
Mendelis Marmor glänzend zu erhöhn.
Kunst, Ruhm und Freiheit schwand, doch die Natur blieb schön.

Wohin man tritt, ist alter heilger Grund,
Gemeine Form kann nimmer ihn bezwingen,
Ein Wunderreich liegt in der weiten Rund
Und wahr scheint alles, was die Musen singen;
Bis endlich Qualen uns die Szenen bringen,
Die wir geschaut in Kinderträumen schon.
Wenn deine Tempel auch zu Grunde gingen,
Spricht Berg und Tal doch der Zerstörung Hohn;
Zeit stürzte wohl Athen – doch schont sie Marathon.

Aus «Childe Harold's Pilgrimage», übersetzt von Adolf Böttger

---

ABBILDUNG: ERECHTHEION, DIE NÖRDLICHE VORHALLE, liegt auf einer Felsterrasse, etwa 3 m tiefer als das übrige Gebäude, mit sechs ionischen Säulen und reichem Ornament besonders auch an der Türe, die zum Heiligtum führt.

PAUSANIAS · DAS ERECHTHEION

Auf der Burg zu Athen steht auch das Erechtheion. Der Altar vor der Tür ist dem Zeus Hypatos geweiht, dem Erhabensten. Darauf opfern sie von keiner Kreatur, noch dürfen sie Weines spenden, nur Kuchen werden dargebracht. Die drei Altäre im Innern sind der eine dem Poseidon errichtet, darauf einem Orakel zufolge auch dem Erechtheus zu opfern ist, der andere dem Heros Butas, der dritte dem Hephaistos. Die Wandbilder stellen die vom Geschlecht der Butaden dar. Im Innersten befindet sich ein Naturwunder, die Zisterne, die Meerwasser führt. Solcher Binnenschachte gibt es ja auch anderswo, so in Karien bei den Aphrodisiern. Doch hier ist bei Südwind Wellenrauschen vernehmbar. Auch ist dem Brunnenfels ein Dreizack eingehauen, und mit diesen beiden Zeichen soll Poseidon zum Ausdruck gebracht haben, daß er auf die Herrschaft über dies Land Anrecht habe.

WILHELM VISCHER · ERECHTHEION

An der nördlichen Seite der Burg, verhältnismäßig niedrig, liegt der Tempel der Athene Polias, der stadtschirmenden Athene, der, weil mit ihr dort auch der Heros Erechtheus verehrt wurde, auch schlechtweg das Erechtheion genannt wurde. Er steht an dem Platze des ältesten Heiligtums der Burg, das schon Homer als das Haus des Erechtheus erwähnt und das die heiligsten Gegenstände des athenischen Kultus umfaßte. Hier stand das uralte Bild der Athene aus Olivenholz, das man nicht von Menschenhand gearbeitet, sondern vom Himmel gefallen glaubte; hier befanden sich die Wahrzeichen, durch welche Poseidon und Athene ihre Ansprüche auf die Herrschaft über Attika geltend gemacht hatten. Denn die heilige Sage erzählte, der Meergott und die jungfräuliche Tochter des Zeus hätten um die Herrschaft über Attika gestritten und wunderbare Zeugnisse ihrer Besitzergreifung aufgestellt: Poseidon habe mit dem Dreizack auf den nackten Felsen geschlagen und eine Meeresquelle auf der Burg eröffnet, aber auf Athenes Wink sei ein Ölbaum emporgesproßt, der Baum, dessen Kultur den Hauptreichtum des attischen Bodens ausmacht. Ihr wurde die Herrschaft zugesprochen, aber Poseidons Gewalt über das Land ebenfalls anerkannt dadurch, daß ihm im Heiligtum der siegreichen Mitwerberin ein Altar geweiht wurde, auf dem er mit dem alten Landesfürsten und Heros Erechtheus identifiziert als Poseidon-Erechtheus Opfer erhielt. Der Brunnen, Erechtheis genannt, mit den Dreizackspuren und der Ölbaum wurden als bleibende Zeichen jenes Streites in das Heiligtum eingeschlossen und bewahrten auch ferner wunderbare Eigenschaften. Denn in der

---

ABBILDUNG: ERECHTHEION, ÖSTLICHE VORHALLE, ein einfacher Prostylos mit sechs 6,8 m hohen, mit 24 Kanneluren versehenen ionischen Säulen; die rechte Ecksäule wurde von Lord Elgin weggeschafft. (Siehe Seite 58.)

Quelle glaubte man bei sturmbewegtem Meere das Brausen der Wellen zu vernehmen, und nachdem im Perserkriege mit dem Tempel auch der Ölbaum niedergebrannt worden war und am andern Tage König Xerxes, um den Zorn der Göttin zu besänftigen, ihr Opfer darbringen lassen wollte, da hatte der Stumpf schon wieder ein frisches Schoß von einer Elle getrieben. Die Legende vom Streite des Poseidon und der Athene hat ihre Wurzel in dem Verhältnis des Kultus dieser Gottheiten; der erderschütternde Meergott war in der ältesten Zeit die Hauptgottheit des ionischen Stammes, von dessen Hauptsitzen einer ja eben in Athen war, aber später trat er vor den geistigern Potenzen des Appollon und der Athene mehr in den Hintergrund. Sie enthält aber zugleich gleichsam eine prophetische Hinweisung auf die spätere Geschichte Athens; denn die Herrschaft über das Element des Poseidon wurde die materielle Grundlage der Größe der Stadt, auf der sich aber zu weit größerer Bedeutung mit unvergänglichem Glanze die geistige Blüte unter dem Schutze der erhabenen Zeustochter entwickelte. Außer Athene hatte in dem Tempel die Kekropstochter Pandrosos, die Taugöttin, ihre eigene Abteilung, die alten Könige Kekrops und Erichthonios ihre Gräber, neben Poseidon-Erechtheus auch der Heros Butes und Hephaistos ihre Altäre, und der höchste Zeus den seinigen vor dem Tempel im Freien. Es hatten somit hier die ehrwürdigen Götter und Heroen des ältesten Athens ihren Sitz. Das alte Gebäude, das alles dies in sich schloß, war im Perserkriege zerstört worden; bei dem Neubau kam es nun darauf an, die alten geheiligten Stätten und Gegenstände der Verehrung unverändert in ein Gebäude aufzunehmen, das sich demnach so eng als möglich an den Plan des alten anschließen mußte und doch zugleich den Anforderungen der entwickelten Kunst jener Zeit Genüge tun sollte. Aus dieser Aufgabe entsprang die von allen andern griechischen Tempeln abweichende Konstruktion des Erechtheions.

An ein länglich viereckiges Hauptgebäude, das sich von Westen nach Osten erstreckt, schließen sich zwei kleinere Anbaue an der Nord- und Südseite an. Der nördliche besteht aus einer großen offenen Halle, deren gegiebeltes Dach, von dem noch ein Teil mit den prächtigen Marmorkassetten erhalten ist, von sechs schlanken ionischen Säulen getragen ward.

Nach Norden hatte das westliche Gemach des Tempels die große Prachttüre zur Verbindung mit der Nordhalle, eine wirkliche Türe, nicht, wie man früher irrig wohl meinte, eine geblendete; ein kleines einfaches Türchen führte durch die Westmauer, auf der die Halbsäulen stehen, in den Tempelhof; eine dritte Türe, der nördlichen gerade gegenüber gelegen, öffnet sich nach dem südlichen Anbau, der nicht über die westliche Mauer des Hauptgebäudes hinausreicht. Eine Halle ist auch dieser Anbau, aber nicht allein kleiner als der nördliche, sondern auch weniger offen; denn um die drei vorspringenden Seiten läuft eine ziemlich hohe, mit einem Gesims versehene Mauer, in der nur an der Ostseite ein kleiner Eingang gelassen ist. Auf dieser Mauer aber stehen, das flache, zierliche Marmordach tragend, nicht Säulen, sondern sechs reich gekleidete Jungfrauen, die Korä, wie die Athener sie nannten, vier in der Südfronte in einer Reihe und je eine hinter den beiden äußern, also mit gleicher Anordnung wie die Säulen der Nordhalle, nur näher beieinander. Eine der Jungfrauen hat Lord Elgin unter dem Gebälk wegreißen lassen und sie

steht jetzt im Britischen Museum, ist aber in neuster Zeit durch eine darüber abgeformte Tonstatue ersetzt worden, welche die englische Regierung als kleinen Ersatz nach Athen gegeben hat, nachdem lange Zeit nur ein roher Pfeiler aus Backsteinen das Dach vor Einsturz geschützt hatte; zwei bei verschiedenen Anlässen zertrümmerte und in Bruchstükken unter den Ruinen gefundene sind in neuerer Zeit ergänzt worden, die eine, weniger verletzte, auf Veranstaltung der griechischen Regierung durch unsern Landsmann Imhof in Rom, die andere erst 1846 durch die dankenswerten Bemühungen des französischen Gesandten Piscatory.
Schon bei den Propyläen haben wir gesehen, wie der Örtlichkeit wegen die beiden Flügel sehr bedeutend voneinander abweichen und doch ein prachtvolles Ganzes hervorgebracht ist; in höherem Grade noch weicht das Erechtheion von symmetrischer Regelmäßigkeit ab, und doch: welch harmonischer Gesamteindruck! Dazu kommt nun die vollendete Ausführung im einzelnen. Ich will nicht von der Genauigkeit sprechen, mit der die Marmorquadern geglättet und zusammengefügt sind, als wären sie zusammengewachsen; wir finden das an allen Werken jener Zeit; aber welche Schönheit der Zeichnung und welche unübertreffliche Technik zeigen uns die unter dem Dache rings um das ganze Gebäude laufenden architektonischen Glieder mit ihren Blumenverzierungen und Kymatien; wie einzig sind die Kassetten der Marmordecken! Und nun die Pracht der ionischen Säulen: schlank und zierlich erheben sie sich auf ihrer schönen Basis, und prächtig breitet sich über dem Schafte zur Aufnahme des Gebälks das Kapitäl in seiner dreifachen Schnekkenlinie aus; und damit noch nicht zufrieden, hat der Baumeister ihnen unter dem Kapitäl noch den Schmuck eines Blumengewindes gegeben, das ohne Überladung sie doch noch reicher emporhebt. Endlich die Mädchen in der sogenannten Karyatidenhalle: in reich gefaltetem Gewande, das üppige Haupthaar über der Stirne zusammengefaßt und in dichten Flechten über den Nacken und die Schultern herabfallend, ernsten und doch heitern Ausdrucks, wie die attischen Jungfrauen am Feste der Athene, so stehen sie da, als hüteten sie noch heute das Haus ihrer Schutzgöttin, der Polias. So ist der Gesamteindruck des Gebäudes auch in seinem jetzigen Zustande ein ebenso erhebender als lieblicher, den auch der nahe großartige Prachtbau des Parthenons nicht schwächt, sondern nur durch den Kontrast in seiner ganzen Eigentümlichkeit wirken läßt.

ERNEST BEULÉ · DIE KORENHALLE DES ERECHTHEIONS

Durch die Nähe des Parthenons erdrückt, bleibt dem Erechtheion nur der Glanz seines plastischen Schmuckes und der unerschöpfliche Reiz seiner Proportionen. Das Erechtheion ist für uns nicht ein Musterbeispiel des Ionischen schlechthin (dessen reinste Verwirklichung immer die Vorhalle der Propyläen bleiben wird), wohl aber ein Beispiel des Reichtums, den dieser in der Üppigkeit Asiens geborene Stil zu entfalten vermag. Und so bleibt Athen der Vorzug, uns die vollkommensten Musterbeispiele der antiken Architektur in allen ihren Bauarten erhalten zu haben.

Vor wenigen Jahren noch war die südliche Vorhalle durch die Explosion einer Bombe und die Zerstörungen durch Lord Elgin im jämmerlichen Zustand des Verfalls. Frankreich hat sie 1846 wieder aufbauen lassen. Jene Mädchenfigur, von der nur ein Torso übrigblieb, ist ergänzt worden. An die Stelle des im Britischen Museum befindlichen Meisterwerkes kam ein Abguß, in dessen Innern ein Eisenpfeiler das Gewicht des Architravs trägt. So läßt sich heute eine der herrlichsten Schöpfungen antiker Kunst und Art, wie die Griechen sich die Verbindung von Plastik und Architektur vorstellten, beurteilen.

Bei der Wiedergabe der anmutigen Fabeln, die die Griechen erdacht haben, um sich selbst die Erfindung aller Stilarten zuzuschreiben, behauptet Vitruvius, daß die Frauengestalt das Vorbild für die ionische Säule gewesen sei. Ihrem zarten Leib entspricht die Vorstellung des schlanken Schaftes, die Säulenbasen stellen gleichsam ihre Fußbekleidung dar, die Voluten ihr gelocktes Haar, die Kannelierungen die Falten ihres fallenden Gewandes. Die Frau selbst als Säule hinzustellen, war aber eigentlich natürlicher. Jedoch – will man Vitruvius weiter Glauben schenken – war es der Geschichtsschreibung, und nicht der Eingebung eines Künstlers, vorbehalten, diesen Weg zu beschreiten.

«Karia, eine Stadt im Peloponnes, verband sich mit den Persern gegen Griechenland. Durch einen ruhmreichen Sieg vom Kriege befreit, ergriffen alle Griechen die Waffen gegen die Kariaten. Die Stadt wurde zerstört, die Männer niedergemetzelt, die Frauen in die Sklaverei entführt; man duldete aber nicht, daß sie Gewand und Schmuck der freien Frauen ablegten. Was bedeutete ein Triumph von ein paar Stunden? Ewige Dauer ihrer Knechtschaft und ihrer Erniedrigung sollte fortan daran erinnern, daß sie für ein ganzes Volk büßten. Deshalb wurden sie von den damaligen Architekten auf den öffentlichen Gebäuden dargestellt und ihre Ebenbilder mit schweren Lasten beladen. Auf diese Weise sollte die Nachwelt vom Verbrechen und der Sühne der Kariaten erfahren.»

Dieser Bericht wurde durch ein Relief im Museum von Neapel und die darauf befindliche Inschrift bestätigt. Wenn aber die Griechen erst nach den Mederkriegen Statuen an die Stelle von Säulen zu stellen begannen, so ist das kein Beweis dafür, daß der Gedanke von ihnen stammt. Schon viel früher wurden in Ägypten die Tempel von Riesengestalten getragen. Die Riesen des olympischen Jupiter in Agrigent sind in ihrem Stil archaisch genug, um in den Anfang des 5. Jahrhunderts verlegt und mithin eher Ägypten als dem östlichen Griechenland zugeschrieben zu werden. Im übrigen ließe der Name Atlas, den die Griechen ihnen gaben, darauf schließen, daß schon vor der Zerstörung von Karia die Architektur die menschliche Form verwendet hatte.

Das Bewundernswerte an den Jungfrauen des Erechtheions ist nicht allein die Plastik, es ist auch ihr monumentaler Charakter, der sie in ein harmonisches Verhältnis zu den Massen

---

ABBILDUNG: ERECHTHEION, KORENHALLE AN DER SÜDSEITE mit den sechs überlebensgroßen Figuren gebälktragender Mädchen, den sogenannten «Karyatiden». Die zweite Figur von links wurde von Lord Elgin herausgenommen und ist heute durch eine Kopie ersetzt.

und zum Formgefühl des ganzen Bauwerkes stellt. Die Verbindung der zwei Kunstgattungen, die die Modernen oft trennen, die Griechen aber immer eng verknüpften, ist nämlich dieser Art: daß der Bildhauer sein Werk dem des Architekten unterzuordnen scheint, der Architekt aber alles darauf anlegt, den Statuen des Bildhauers Wirkung zu verschaffen. Aus dieser klugen Zusammenarbeit heraus entsteht ein Ganzes, das jene höchste Vollkommenheit, die die Kunst erträumt, zu erreichen vermag.

Die Proportionen der Gebälkträgerinnen sind reichlich überlebensgroß, nicht so jedoch, daß sie gewaltig und übernatürlich als Kolossalstatuen wirken: der Betrachter bleibt in der Wirklichkeit. Ihre Haltung atmet Ruhe und Festigkeit, und nichts ist darin von jener übermenschlichen Anstrengung, in der die Arme der Atlanten von Agrigent gespannt sich emporrecken, dem Kopf zu helfen, die Last zu tragen. Schön und ernst tragen die jungen Frauen die Last des Marmors, so leicht, wie sie jeden Tag den am Brunnen Klepsydra gefüllten Krug trugen. In natürlicher Bewegung fallen die Arme längs des Körpers herab. Da sie alle verstümmelt sind, ist es schwer zu wissen, ob die Hände etwas festhielten. Die ganze Haltung aber gibt dem Oberkörper eine so schöne Würde, daß sie gar keiner weiteren Erklärung bedarf. Stolz springt die entblößte Brust hervor; von majestätischer Breite sind die Schultern; die Gestalt strömt gesammelte Kraft aus, verbunden mit der Ruhe der Statue.

Verharrte jedoch nun auch der untere Teil des Körpers in dieser steifen Reglosigkeit, so hätte dies unweigerlich eine gewisse Erstarrung zur Folge. So festen Stand er den Beinen auch verlieh, bemühte der Künstler sich doch, das eine leicht zu biegen, und zwar so, daß darin nicht Schwäche, sondern Anmut sich ausdrückt, Grazie, die spielend die Last trägt. Steht man mitten vor der Säulenhalle, so ist bei den drei Statuen zur Rechten das rechte Bein, bei den dreien zur Linken hingegen das linke Bein gebogen. Irre ich nicht, so ist diese Anordnung den Gesetzen der Architektur und dem weisesten ihrer Geheimnisse entlehnt.

Ich habe schon hervorgehoben, daß wie bei allen dorischen Tempeln auch beim Erechtheion die Säulen und Mauern sich dem Innern, einem imaginären Zentrum zuneigen und deshalb dem vollendetsten Ausdruck der Stabilität, der Pyramidenform, sich nähern.

Zeichnet man innerhalb eines Kreises das Rechteck, das die Errhephorengalerie bildet, und nimmt man die Mitte dieses Kreises, so wird ersichtlich, daß jede Jungfrau gerade das Bein biegt, das diesem Mittelpunkt zunächst liegt, daß ihr Körper sich folglich nach innen neigt und so die Statuen wie die Säulen den überlieferten Neigungswinkel aufweisen. Die Statuen zeigen noch etwas darüber hinaus: nämlich das Bewußtsein dieser Neigung, das den Widerstand nach oben und unten verlegt und ein Sichgehenlassen gegen die Mitte zu erlaubt. Gerade dadurch wird nun aus der entgegengesetzten Bewegung beider Gruppen ein so logisches und harmonisches Ganzes.

ABBILDUNG: KORE VOM ERECHTHEION, die von Lord Elgin entführte Gebälkträgerin im Britischen Museum zu London, 2,37 m hoch, aus pentelischem Marmor.

Die Einzelheiten der Gewandung unterlagen ebenso geschickten, wenn auch weniger tiefgehenden Berechnungen, da sie ja die künstlerischen Grundprinzipien nicht berührten. Um die zarte Gestalt der jungen Frauen und den Unterbruch der Vertikalen am Gürtel zu verhüllen, wurden sie nach griechischer Art gekleidet. Über die lange Tunika fallen das Hemidiploidon und ein drittes, dem kleinen dorischen Peplos ähnliches Kleidungsstück bis auf die Hüften und bilden von den Schultern bis zu den Füßen eine einzige senkrechte Linie. Gleichzeitig füllen sie die Leere, die zwischen Rumpf und Armen vorhanden wäre, und verhüllen Durchblicke, die mit der griechischen Architektur unvereinbar sind. Der Faltenwurf ist großen Stils, von der Echtheit, die auf Feinheit der Einzelheiten da und dort verzichten darf. Von unnachahmlicher Schwere ist der untere Teil des Faltenwurfs. Vorne durch die Biegung des einen Beines und das Vorspringen der Füße verschoben, fallen hinten die Falten wie die Kannelüren einer Säule auf den Boden herab. Durch ihre Tiefe und große Regelmäßigkeit wird dieser Vergleich noch unterstrichen.
Das Haar wurde, um das Kapitell zu tragen, in besonderer Weise angeordnet. Schwere, um den Kopf gelegte Zöpfe bilden ein dickes Kissen. Vorne, wie bei den Köpfen der Gorgone und der Arethusa, sind sie durch ausstehende Locken verdeckt. In der Mitte der Stirn bildet eine Doppellocke jene schöne Blütenknospe, die man auch auf der Stirn des Apollon Musaget wiederfindet. Auch auf die Schultern fließen Zöpfe, und in den Rücken fällt die ganze Fülle der Haare herab, als wäre sie eben gelöst worden. Man sieht, wie durch diese Zutaten die Verbindung von Kopf und Schultern wirklich Kraft und Fülle erhält. Obwohl der Hals der Errhephoren mächtig ist, hätte ohne diese Verstärkungen der Marmor nicht genügend Tragkraft besessen.

ABBILDUNG: KORE, WEIHGESCHENK DES EUTYDIKOS, 1882–86 auf der Akropolis beim Erechtheion gefunden, parischer Marmor mit Farbresten (Haar, Augen und Lippen rot, Polos blau), Höhe des Torsos 58 cm, um 490–480, vom Übergang des attischen spätarchaischen zum strengen Stil. Akropolis-Museum, Athen.

FOLGENDE SEITEN: PFERD VON DER AKROPOLIS, Kopf eines stehenden Rosses, wahrscheinlich vom Weihgeschenk eines Reiters, 1887 beim Erechtheion gefunden, parischer Marmor mit Farbspuren (Mähne und Maul rot, Augen graublau), Höhe des Pferdes 1,13 m, um 500 v. Chr. Akropolis-Museum, Athen.

REITERSTATUE VON DER AKROPOLIS, aus dem sogenannten Kopf Rampin im Louvre (gefunden 1877) und einem Torso im Akropolis (gefunden 1886 beim Erechtheion) von Payne zusammengesetzte Weihestatue, einen Reiter mit Eppichkranz darstellend, parischer Marmor, Höhe des Kopfes 29 cm, des Torsos 81,5 cm, um 550. Louvre, Paris (der Torso im Abguß).

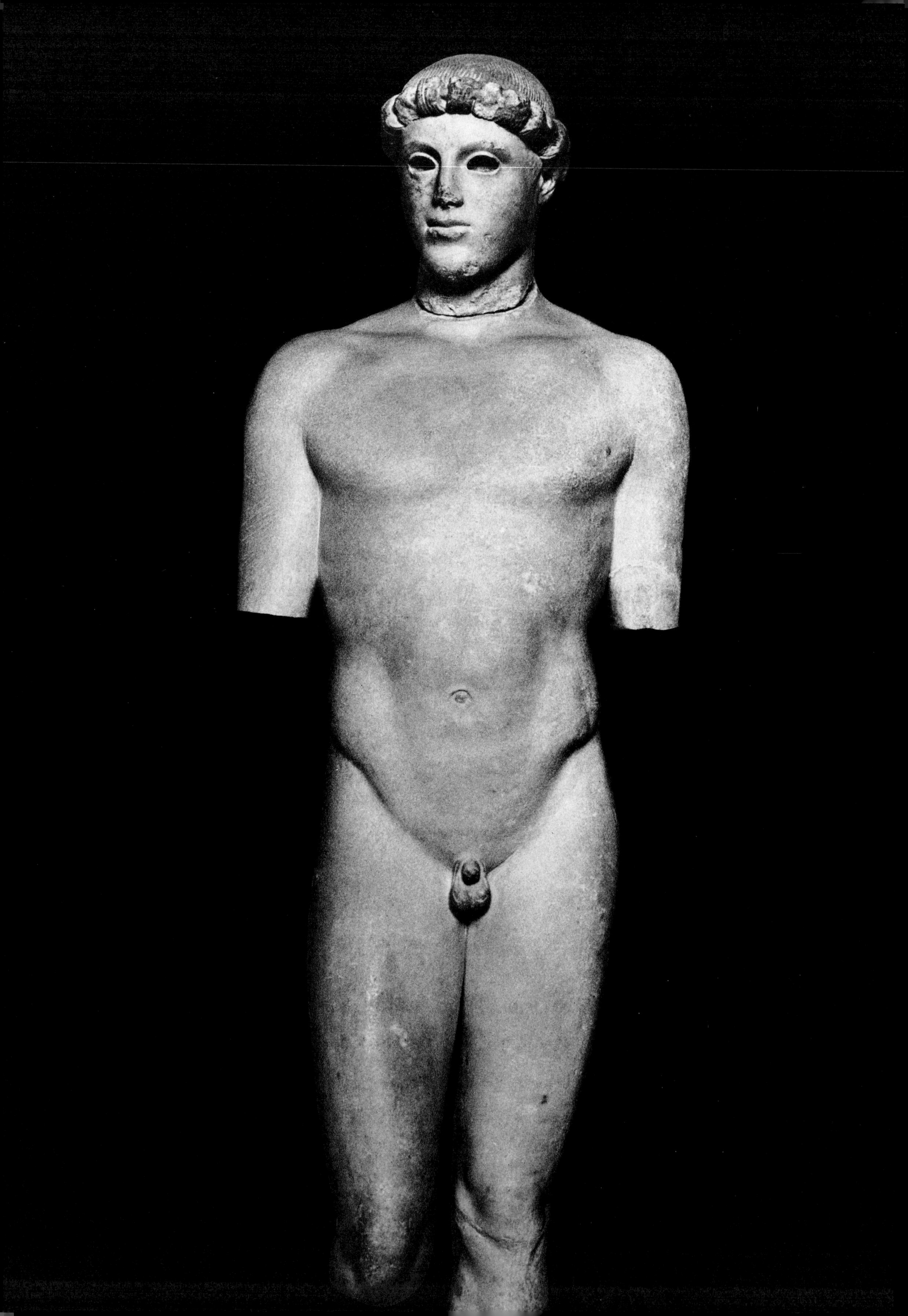

Parthenon heißt das Haus der Jungfrau, das ist der jungfräulichen Athene. Die Tempel der Alten waren keine Versammlungsorte, sondern Häuser der Götter. Das Bild der Gottheit ist der Kern, um den sich das griechische Tempelgebäude entwickelt hat; war das Bild fort, so blieb nur ein wertloses Gehäuse, das man gleichgültig dem Verfalle preisgab. Hatte man in ältester Zeit das Bild in hohlen Baumstämmen untergebracht, so baute man ihm dann ein Obdach, wo es mit seinem Altare stehen könne; mit jedem Fortschritte der Kunstfertigkeit und mit jedem Zuwachs an Mitteln bildete die Baukunst daran weiter; denn wie von den Tieren und Früchten des Feldes das Beste jedesmal den Göttern gehörte, so auch von der Blüte der einheimischen Kunst. An die eigentliche Wohnstätte des Gottes schloß sich ein kleineres, gewöhnlich offnes, Vorgemach an, durch welches man sich dem Bilde näherte, und ein Hinterhaus, wo die Schätze des Gottes ruhten. Über dies dreiteilige Tempelhaus spannte man das Dach, das man auf Säulen stützte und so die ursprüngliche Einheit durch einen Gegensatz belebte. Denn wie der Tempel selbst ein von der Welt gesondertes, in sich abgeschlossenes Ganzes bildete, so gaben ihm die umhergeführten Säulenhallen den Charakter des Offnen und Gastlichen. Dies ganze Gebäude aber stellte man, um es der gemeinen Fläche des Lebens zu entheben, auf drei mächtige Stufen, welche das Ganze wie ein Weihgeschenk dem Himmel entgegentrugen.

Wir stehen vor der Fronte des Parthenons. Unwillkürlich steigt das Auge an dem Stamme der Säulen zu dem Gebälke hinauf, das jene aufstrebende Kraft beruhigt und abschließt; die untere Marmorlage des Gebälkes ist mit goldnen Schildern geschmückt; zwischen ihnen die Namen der Weihenden in großen Metallbuchstaben; darüber die belebte Wechselreihe von Triglyphen und Metopen, deren Tafeln durch hohes Bildwerk ausgezeichnet sind; höher hinauf öffnet sich, von der ruhigen Fläche des Gebälkes und den symmetrisch ansteigenden Linien des Daches eingefaßt, ein großes Giebelfeld voll kolossaler Statuen, welches mit seiner Bekrönung die ganze Ansicht eben so befriedigend als erhebend vollendet. Die Höhe des Gebäudes ist es nicht, welche den gewaltigen Eindruck hervorruft – vom Säulenfuße bis zur Giebelspitze beträgt dieselbe nur 65 Fuß – es ist nicht das Kühne, Unermeßliche, dessen Anschauung das Gemüt überwältigt, nicht das labyrinthisch Verschlungene, an dessen Verständnis der Geist verzagt – nein, in einem leichtfaßlichen Gesamtbilde klar, heiter und verständlich tritt das Ganze vor uns hin.

Unter den Bildwerken des Parthenons sind es zunächst die 92 Metopentafeln, welche mit ihren stark vorspringenden Reliefs unsre Blicke auf sich ziehn und unsre Erklärung ver-

---

ABBILDUNG: «KRITIOSKNABE», Statue eines Epheben, der Torso 1865, der Kopf 1888 auf der Akropolis gefunden, von H. Schrader zusammengesetzt, wahrscheinlich Weihestatue eines Siegers im Wettkampf, parischer Marmor, 86 cm hoch. Um 480, gilt als jüngeres Werk aus der Werkstatt von Kritios und Nesiotes. Akropolis-Museum, Athen.

langen. Die alten Tempeldiener fehlen uns, welche den schaulustigen Fremden einst bereitwillig umher führten um ihre Tempelhäuser und über jede Merkwürdigkeit und jede verstecktere Andeutung gerne Auskunft erteilten. Denn die Künstler der Hellenen haben ihre eigne Sprache, und die Überlieferung allein gibt hie und da das Verständnis.

Leicht ist auch hier die Deutung nicht. Auf manchen Tafeln erkennen wir Darstellungen aus dem attischen Kultus, Einsetzungen heiliger Gebräuche, Taten der Athene selbst und des Erechtheus; aber am meisten treffen wir Gruppen des Kampfes, Amazonen- und besonders Kentaurenkämpfe. Wozu Kampf und Streit an der friedlichen Stätte? Was bedeuten an dem Tempel der reinen Göttin die Gewalttaten übermütiger Kentauren? Die siegreich kämpfenden Helden sind Theseus und seine Gefährten, ihre Feinde wilde Halbmenschen; also geordnete Heldenkraft im Kampfe gegen ein wüstes Naturleben, Gottesdienst gegen Selbstsucht und Gewalttat, edle humane Bildung gegen tierische Wildheit. Athene ist es, welche Maß und Gesetz gelehrt hat; sie hat den Theseus und seine Gefährten ausgesandt, die Ungeheuer zu bekämpfen und durch Sicherung der Felder und der Straßen die Möglichkeit einer höhern Kultur zu begründen; sie hat das Leben des Geistes gegen sinnliches Naturleben, wie es in Amazonen und Kentauren dargestellt ist, in seiner sieghaften Berechtigung geltend gemacht, und darum sind diese Metopenbildwerke, welche in schimmerndem Farbenschmucke den Tempel umziehen, ebenso viele strahlende Denkmäler für die Triumphe der Göttin und ihrer Diener.

Über diesem reichgeschmückten Gebälke erheben sich an der Ost- und Westseite die Giebeldreiecke. Die großen Räumlichkeiten, welche hier der bildenden Kunst geboten waren, wo an jede der beiden Seiten über 20 kolossale ganz frei gearbeitete Figuren einen glänzenden Platz fanden. Im östlichen Giebelfelde sind die Götter um Zeus versammelt, der in der Mitte thront; links begrenzt die Versammlung der mit seinen Rossen aus den Wellen aufsteigende Sonnengott, rechts der niedersteigende; von beiden Seiten, von Aufgang und Niedergang, sind die Blicke der Versammelten nach der Mitte gerichtet, denn eine neue, herrliche Erscheinung, auf wunderbare Weise gezeugt, tritt heute zum ersten Male unter sie, die jungfräuliche Göttin in vollem Waffenschmucke, mit dem großen, hellen Blicke der Weisheit. In dem entgegengesetzten, westlichen Giebelfelde erscheint dieselbe wieder der Mitte des Ganzen nahe, aber ein Zweiter steht ihr hier trotzig gegenüber, Poseidon, ihr Nebenbuhler um den Dienst der Landeskinder. Athene, an deren Seite der Ölbaum aufsprießt, lehrt ihren Erechtheus das Roß, das von Poseidon geschaffene, zügeln und so für den Dienst des Menschen gewinnen; nach den beiden Giebelecken hin breitet sich in mannigfaltigen Gruppen eine Versammlung attischer Landesgottheiten aus, die Zeugen der siegreichen Wohltaten ihrer Göttin, welche auch fremde Geschenke durch ihren Verstand erst wertvoll für die Sterblichen zu machen weiß. Wie drüben der Olympos der Schauplatz ihres Triumphes ist, so hier das attische Land selbst in den verklärten Gestalten seiner Heroen; dort von den Göttern angestaunt, hier von den Söhnen des Landes dankbar verehrt, erscheint Athene im Himmel und auf der Erde als das vor allen der Anbetung und Huldigung würdige Wesen.

Treten wir nun durch die äußere dorische Halle auf zwei Stufen zu dem innern Hause der Göttin hinan, so sehn wir auch hier die äußern Flächen der Wand, welche das Heiligtum umschließt, durch Bildwerk geschmückt und belebt. Unter der Decke, welche vom Tempelhause nach der Säulenhalle hinübergreift, zieht sich ununterbrochen um die vier Seiten ein Band von Relief, dessen Gestalten sich nur wenig von der Fläche des Marmors abheben und ohne Farbenschmuck kaum kenntlich sein würden. Die Darstellung dieses Frieses schließt sich so unmittelbar an das attische Festleben an, daß hier nur die Kenntnisse desselben das Verständnis geben kann.
Es war nämlich aus den einfachen Opfern und Lobgesängen, mit welchen die alten Erechthiden Jahr für Jahr ihre Burggöttin gefeiert hatten, im Laufe der Zeit ein herrliches Volksfest geworden, welches in jedem vierten Jahre mit besonderer Pracht gefeiert wurde, das Fest der Panathenäen. Nach den mannigfachen Wettkämpfen und Spielen folgte am vierten Festtage die schönste Feier, die große Prozession. Zu dem Tage ward von den Bürgertöchtern Athens ein großes Gewand für das alte Bild der Athene gewebt. Am Morgen des feierlichen Tages sammelte sich vor dem Tore das Volk aus der Stadt und den umliegenden Gauen; die waffenfähige Mannschaft erschien mit Speer und Schild, alle mit Festkleidern und mit Kränzen; die Reiter ordneten sich unter ihren Führern, besonders Geehrte übernahmen die Geschenke für die Göttin; das Wunderbarste aber war ein großes Schiff, welches nahe dem Tore aufbewahrt wurde; dies wurde nun hervorgezogen, feierlich aufgeziert, auf Rollen gesetzt und mit bauschendem Segel hochragend aus dem Gedränge der festlichen Menge triumphierend dahergezogen. Durch das glänzendste Tor von Athen betrat nun, von Musikchören begleitet, der geordnete Festzug den Boden der Stadt, bewegte sich dann durch die schönsten und reichsten Straßen an den berühmtesten Heiligtümern, bei denen geopfert und gesungen wurde, vorüber auf weitem Umwege rund um den Felsen der Akropolis herum, bis er am westlichen Fuße angelangt, durch die Hallen der Propyläen seinen feierlichen Einzug in die Burg hielt. Oberhalb der Propyläen teilte sich der Zug, der eine Teil ging rechts, der andre links, bis sich die Vordersten vor der Ostseite des Parthenons begegneten. Dann wurde Halt gemacht, die Waffen abgelegt, die Weihgeschenke von Einzelnen im Tempel dargebracht, und während auf dem Altare vor dem Tempel das große Brandopfer sich entzündete, stimmten die versammelten Scharen die heiligen Festgesänge an zu Ehren der Göttin, zum Heile der Stadt.
Dieser Panathenäenzug nun ist auf dem Friese in seinen Hauptmomenten dargestellt. Muntre attische Jünglinge sehen wir ihre Pferde tummeln, welche allzu mutig dem gemessenen Paradegaloppe der Voranreitenden sich noch nicht fügen wollen; andre sind noch mit ihrer Bekleidung, mit Zähmung der Tiere, mit Aufsteigen beschäftigt; es sind die Vorbereitungen zum Reiteraufzuge, die wir uns noch vor dem Stadttore zu denken haben; darum treffen wir hier die größte Mannigfaltigkeit und die bewegtesten Gruppen. Hieran schließen sich unmittelbar die Friesplatten der Langseiten, wo in zwei parallel laufenden und sich entsprechenden Zügen die geordneten Scharen der Festgenossen sich gegen Osten bewegen; die Reiter folgen dem Zuge der Kriegswagen, auf welchen die Sieger der vorigen Tage stehn, von Siegesherolden begleitet, oder sie zeigen dem Brauche jener Spiele

gemäß im behenden Abspringen und Nacheilen ihre rasche Jugendkraft; diesen voran in würdiger Ruhe eine Schar ältrer Männer und Frauen und den östlichen Ecken zunächst der eigentliche Opferzug, Zitherspieler, Flötenbläser, dazwischen Männer, welche die Opfertiere vorsichtig leiten. An der Ostseite endlich schreiten paarweise die attischen Jungfrauen mit dem heiligen Geräte, gesenkten Hauptes, in langen faltigen Gewändern, von Töchtern der Schutzgenossen, welche ihnen Schirme tragen, begleitet; Priester und Priesterinnen übergeben den auserwählten Knaben und Mädchen die Weihgeschenke, indem sie, wie es scheint, über die heiligen Dienstleistungen noch kurze Worte der Belehrung wiederholen. Um die Mitte des Ganzen aber, da sitzen auf goldnen Stühlen die Götter in heitrer Gemeinschaft mit den Sterblichen, um ihre Huldigungen zu empfangen. In dieser Sitzung der Götter an der Stirne des ganzen Gebäudes findet das bewegte Relief des Frieses seine Ruhe und Vollendung, ebenso wie der wirkliche Zug vor dem Angesichte der Göttin.

ABBILDUNG: DER PARTHENON, der Tempel der Athena auf der höchsten Stelle der Akropolis zu Athen, an Stelle eines vorperikleischen Baus von den Architekten Iktinos und Kallikrates in pentelischem Marmor errichtet, der berühmteste aller dorischen Tempel, Baubeginn 447, Aufstellung des Goldelfenbeinbildes der Athena Parthenos von Phidias um 438/7. Auf einem Stufenbau von drei Lagen erheben sich an den Giebelfronten je 8, an den Längsseiten je 17 Säulen von durchschnittlich 10,5 m Höhe und 2 m Durchmesser.

DER FRIES, den Festzug der Panathenäen darstellend, führt in etwa 160 m Länge und 1 m Höhe um die Zella herum; phidiasisch, um 440, von verschiedenen Meistern am versetzten Block gearbeitet. – Zwei Mädchen und ein Festordner im Zuge der Jungfrauen; vom Ostfries. Louvre, Paris.

DOPPELSEITE: Aussicht von Nordwesten. Die Wiederaufrichtung der ganzen Säulenflucht erfolgte erst in der Zeit zwischen den beiden Weltkriegen als letzte Phase der von Balanos 1902 auf der Akropolis begonnenen erfolgreichen Wiederherstellungsarbeiten.

Alles verschwindet vor dem unvergleichlichen Eindruck des Parthenon, dieses Tempels der Tempel, von Setinus auf Anordnung des Perikles gebaut und von Phidias ausgeschmückt; – das einzige, jedes andere ausschließende Urbild des Schönen für die Baukunst wie für die Bildhauerei – eine Art von göttlicher Offenbarung der idealen Schönheit, wie sie eines Tages ein einzig und vor allem künstlerisches Volk erfaßte und der Nachwelt in unvergänglichen Marmorblöcken und in Bildhauereien, welche ewig leben werden, überlieferte. Dieses Denkmal, seine Lage, sein natürliches Fußgestell, seine mit unerreichbaren Statuen geschmückten Treppen, seine großartigen Formen, bis auf das Kleinste hinaus von vollendeter Ausführung, sein Stoff, seine Farbe, ein versteinertes Licht, alles in ein Ganzes zusammengefaßt, erzwingt seit Jahrhunderten Bewunderung, ohne sie zu sättigen; und wenn man auch nicht mehr davon sieht, als ich gesehen habe, wenn man es sieht mit seinen majestätischen Trümmern, verstümmelt von den venetianischen Bomben, von der Explosion eines Pulverturms unter Morosini, von dem Hammer Theodors, von den Kanonen der Türken und Griechen, seine Säulen in ungeheuren Blöcken auf dem Boden liegend, seine Kapitäle zerfallen, seine Triglyphen von den Agenten Lord Elgins ausgebrochen, seine Statuen von englischen Schiffern fortgeführt, so bleibt doch noch genug übrig, um zu fühlen, daß es das vollkommenste Gedicht ist, in Stein auf die Tafel der Erde geschrieben.
Der Anblick des Parthenon stellt mehr als die Geschichte die kolossale Größe eines Volkes dar. Perikles soll nicht sterben! Welche übermenschliche Zivilisation, welche für ein solches Gebäude einen Mann gefunden hat, um es hervorzurufen, einen Künstler, um es zu erdenken, einen Bildner, seinen Zierat zu erfinden, Bildhauer, um sie auszuführen, Arbeiter, um den Stoff zu bemeistern, und dazu ein Volk, um es zu bezahlen, und Augen, um das Werk zu begreifen und zu bewundern! Wo wird man eine ähnliche Epoche und ein ähnliches Volk finden? – Dem Parthenon zur Seite sind die Propyläen und der Tempel des Erechtheus, selbst Meisterstücke, welche aber neben jenem großen Meisterstück verschwinden; die Seele, welche von dem Anblick des ersten jener Gebäude zu stark getroffen ist, hat keine Kraft mehr, um die andern zu bewundern. Jenes gesehen, muß man sich davonmachen, weniger die Zerstörung dieses übermenschlichen Menschenwerks als die Unmöglichkeit beklagend, daß je ein Mensch seine Hoheit und Harmonie erreichen sollte; – es ist eine von den Offenbarungen, welche der Himmel der Erde nie zweimal gibt; es ist wie mit dem Gedichte vom Hiob oder dem Hohenliede, wie mit den Gesängen Homers oder der Musik Mozarts.

ABBILDUNG: PARTHENON. Oben: Die Westfront. – Unten: Auxo und Hegemone, die sogenannten «Tauschwestern», vom Ostgiebel, überlebensgroß, aus der zerstörten Darstellung der Geburt der Athena. Von den durch Lord Elgin nach London gebrachten Skulpturen, im Britischen Museum. Die Giebelfiguren entstanden nach den Metopen und dem Fries als letzte Plastikgruppe am Parthenon, vollendet 432 v. Chr.

Mitten in den Ruinen, welche einst Athen waren und welche die Kanonen der Griechen und Türken zerstäubt und über das ganze Tal und die zwei Hügel, auf denen die Stadt Minervas sich streckte, hingeschleudert haben, erhebt sich ein auf allen Seiten steil aufsteigender Berg. – Ungeheure Mauern umgeben ihn; sie ruhen auf einem Grunde von marmornen Bruchstücken, höher oben Trümmer von Friesen und antiken Säulen, und an einigen Orten auf der Spitze venetianische Zinnen. Dieser Berg gleicht einem prächtigen Fußgestell, von den Göttern selbst ausgehauen, um ihre Altäre darauf zu setzen. Sein Gipfel, eben gemacht, um die Grundfläche der Tempel aufzunehmen, hat nicht mehr als fünfhundert Fuß in die Länge und dreihundert Fuß in die Breite. Er beherrscht alle Hügel, welche das Gebiet des alten Athens bildeten, die Penthelischen Täler, das Flußgebiet des Ilissus und die Ebene des Piräus, ferner die Kette von Tälern und Anhöhen, welche sich bis Korinth hinstreckt, endlich das von Inseln besäte Meer von Salamis und Ägina, wo auf Bergeshöhen der Giebel von dem Tempel des Zeus Panhellenios erglänzt. – Diese Aussicht ist auch noch heute bewunderungswürdig, während alle diese Hügel kahl dastehen und wie poliertes Erz in den Strahlen der Sonne von Attika widerglänzen. Aber welch ein Horizont mußte Platon vor Augen gehabt haben, als Athen lebendig und mit seinen tausend unteren Tempeln prangend zu seinen Füßen gleich einem überfüllten Bienenstock rauschte; als die große Mauer des Piräus voll regen Lebens bis an das Meer eine Bahn auf Stein und Marmor zog, wo das Volk von Athen unaufhörlich hin- und herwogte; da der Piräus selbst und der Hafen von Phalerum und das Meer von Athen und der Golf von Korinth mit Wäldern von Masten und mit blinkenden Segeln bedeckt waren; wo die Abhänge aller Berge, von denen an, hinter welchen Marathon sich birgt, bis zur Akropolis von Korinth, ein Amphitheater von vierzig Meilen im Halbkreis, von Wäldern, Weiden, Olivenbäumen und Weinstöcken durchschnitten waren und Dörfer und Städte ihren glänzenden Gürtel schmückten.

Ich sehe hier die tausend Wege, welche von diesen Bergen herabführten, auf den Abhängen des Hymettos sich hinziehend; in alle die Krümmungen der Schluchten und Täler hinein, welche alle, wie Betten von Waldströmen, gegen Athen zu ausmünden. – Ich höre das Geräusch, welches von dort sich erhebt, die Hammerschläge der Steinhauer in den Marmorbrüchen des Pentelischen Berges, das Rollen der Blöcke, welche den Absturz seiner Böschungen entlang fallen, und all das Getöse, welches die Zugänge einer großen Hauptstadt mit Leben und Geräusch erfüllt. Auf der Seite der Stadt sehe ich auf dem heiligen Wege, welcher in den Abhang der Akropolis selbst eingehauen ist, die fromme Bevölkerung von Athen heransteigen, um Athene anzurufen und den Weihrauch aller dieser Hausgottheiten gerade an dem Orte dampfen zu lassen, wo ich jetzt sitze und nur den Staub dieser Tempel einatme.

Laßt uns den Parthenon neu aufbauen; es ist ein leichtes, er hat ja nichts verloren als seinen Fries und sein inneres Fachwerk. Die äußern, von Phidias mit gehauenem Zierat geschmückten Mauern, die Säulen oder wenigstens Trümmer von ihnen sind noch da. Der Parthenon war ganz aus weißem Marmor gebaut, welchen man den pentelischen nannte, nach dem nahen Berge, von dem er genommen war. Er bestand in einem länglichen Viereck mit einem Säulengang von sechsundvierzig Säulen dorischer Ordnung umgeben. Er bot für das Auge nichts als die erhabene Einfachheit seiner architektonischen Linien. – Es war ein einziger steinerner Gedanke, eine Einheit und auf den ersten Blick verständlich, wie der antike Gedanke. – Man mußte nähertreten, um den Reichtum des Materials und die unnachahmliche Vollendung der Verzierungen und der Einzelheiten zu betrachten. Perikles wollte ebenso einen Sammelplatz für alle Meisterstücke des Genies und der Menschenhand als einen der Verehrung der Götter geweihten Ort daraus machen, oder vielmehr es war der griechische Genius in seiner ganzen Fülle, der hier unter diesem Zeichen sich selbst als eine der Gottheit dargebrachte Huldigung darstellte.

FRANÇOIS-RENÉ DE CHATEAUBRIAND · AKROPOLIS UND PARTHENON

Das erste, was bei den Monumenten Athens ins Auge fällt, ist ihre schöne Farbe. In unserem Klima, in einer von Rauch und Regen verdichteten Atmosphäre, werden Steine von dem reinsten Weiß in kurzer Zeit grau oder grünlich gefärbt. Der klare Himmel und die glänzende Sonne Griechenlands geben dem parischen und pentelischen Marmor einen goldartigen Anflug, von der Farbe reifer Ähren oder herbstlicher Blätter.
Was sodann die Bewunderung erregt, ist die Richtigkeit, Übereinstimmung und Einfachheit der Verhältnisse. Man sieht nirgends verschiedene Säulenanordnungen zusammengestellt, nirgends Säule auf Säule, oder Kuppel auf Kuppel. Der Tempel der Athene zum Beispiel ist oder war vielmehr nichts als ein verlängertes Viereck, mit einem Säulengang und einem Pronaos oder einer Vorhalle geziert und auf drei Stufen gestellt, welche rings herum liefen.
Es ist klar, daß die Baukunst, als Kunst betrachtet, in ihrem Entstehen vorzüglich der Religion diente; sie ward zum Dienste der Gottheit erfunden. Die Griechen, welche vielerlei Götter verehrten, wurden durch die verschiedenen Begriffe von der Gewalt und dem Einflusse derselben auf verschiedene Arten von Gebäuden geleitet. Vitruvius widmet diesem schönen Gegenstand zwei Abschnitte und lehrt darin, wie man die Tempel und Altäre der Athene, des Herkules, der Ceres usw. bauen soll.
Nachdem man bei den athenischen Werken der Baukunst die Harmonie des Ganzen, ihr Verhältnis zu Ort und Lage sowie zu dem Gebrauch, für den sie bestimmt waren, bewundert hat, so nimmt dann bei näherer Prüfung die vollendete Ausarbeitung aller einzelnen Teile das Erstaunen des Kenners in Anspruch. Auf die nicht in das Auge fallenden Gegenstände ist ebenso große Sorgfalt verwendet wie auf die äußeren Teile. Die Steinblöcke, aus welchen die Säulen des Athene-Tempels zusammengesetzt sind, passen so genau aufeinander, daß die Fugen nur dem angestrengten Auge sichtbar und nicht stärker als der dünnste Faden sind. Um diese Vollkommenheit zu erreichen, wurden zuerst die Marmorstücke vermittelst des Meißels so eben als möglich gehauen, sodann aufeinander gerollt, während man im Mittelpunkt der Reibung Sand und Wasser aufschüttete. Durch dieses Verfahren bekamen die übereinander gelegten Steine eine unglaubliche Festigkeit in der

senkrechten Lage, welch letztere mittelst eines durch die einzelnen Stücke des Säulenschaftes getriebenen viereckigen Zapfens aus Olivenholz erhalten ward.
Die Rosetten, Gesimse, Platten und Stäbchen, alle die kleineren Einzelheiten des Gebäudes, tragen das nämliche Gepräge der Vollkommenheit; die Kapitäle sowie die Hohlkehlen der Säulen sind so fein und scharf ausgearbeitet, daß man versucht werden könnte, die ganze Säule für gedrechselt zu halten. Schnitzwerk von Elfenbein könnte nicht zarter sein, als es die ionischen Verzierungen am Tempel des Erechtheus sind, und die Karyatiden des Pandroseums können für Meisterwerke gelten. Kurz, wenn mir nach den Monumenten Roms diejenigen in Frankreich als roh gearbeitet erschienen, so ging es mir wieder ebenso mit jenen, seitdem ich die Meisterwerke Griechenlands zu sehen Gelegenheit hatte.
Übrigens hatte ich rücksichtlich der griechischen Bauwerke die allgemein verbreitete irrige Meinung geteilt, sie seien wohl in ihrem Ganzen vollkommen, aber es fehle ihnen das Großartige. Nun wußte aber das Talent der Baukünstler den Mangel an Umfang durch eine zu den Gebäuden in richtigem Verhältnis stehende Erhabenheit der Bauart zu ersetzen. Übrigens ist Athen voll von erstaunenswürdigen Gebäuden. Ein nicht reiches und nicht zahlreiches Volk, wie die Athener waren, hat doch ungeheure Massen in Bewegung gesetzt. Die Steine am Pnyx sind wahre Felsenblöcke; die Propyläen waren ein ungeheures Gebäude, und die Marmorplatten, mit denen sie bekleidet waren, hatten eine Größe, deren Ähnliches man nie sah; die Säulen am Tempel des olympischen Jupiter waren über sechzig Fuß hoch, und der ganze Tempel hatte einen Umfang von einer halben Milie. Die Ringmauern von Athen, eingerechnet jene der drei Häfen und die langen Mauern, dehnten sich auf mehr als neun Stunden aus; die Mauern, welche den Piräus mit der Stadt verbanden, waren so breit, daß auf denselben zwei Wagen nebeneinander fahren konnten, und von fünfzig zu fünfzig Schritten stand ein viereckiger Turm. Die Römer selbst haben nie ansehnlichere Festungswerke gebaut.
Wie unglücklich ist es, daß diese Meisterwerke des Altertums, welche zu bewundern Fremde die so weite und mühevolle Reise nicht scheuen, zum Teil durch die Neueren zerstört wurden! Der Parthenon stand noch ganz im Jahre 1687; zuerst verwandelten ihn die Christen in eine Kirche; dann schufen ihn die auf die Christen eifersüchtigen Türken in eine Moschee um; endlich mußten Venetianer, mitten in dem aufgeklärten siebzehnten Jahrhundert, daher kommen, um die Monumente des Perikles mit Kanonen zu beschießen. Sie warfen glühende Kugeln gegen die Propyläen und den Tempel der Minerva; eine Bombe fällt auf dies letztere Gebäude, schlägt durch das Gewölbe, entzündet Pulverfässer und sprengt zum Teil ein Gebäude in die Luft, welches weniger den heidnischen Göttern der Griechen als dem menschlichen Geist Ehre brachte. Nachdem die Stadt genommen

---

ABBILDUNG: PARTHENON, Nordfries: Jünglinge, Hydrien tragend. Akropolis-Museum, Athen.
DOPPELSEITE: PARTHENON, Ausblick vom Innern durch die Säulen der Nordostecke auf die Stadt Athen und den Lykabettos-Hügel.

war, will Morosini, um Venedig mit den Trümmern von Athen zu verschönern, die Bildsäulen am Giebel des Parthenons herabnehmen und bricht sie in Stücke. Ein anderer Neuerer hat endlich aus Liebe zur Kunst die von den Venetianern angefangene Zerstörung vollendet. Lord Elgin wollte die Basreliefs am Friese abheben lassen, und um das zu erzielen, haben türkische Handwerker den Architrav zerbrochen und Kapitäler herabgeworfen; statt die Metopen aus dem Falz zu lösen, haben die Barbaren es kürzer gefunden, den Kranz der Säulen entzwei zu schlagen. Am Tempel des Erechtheus hat man die Ecksäule weggenommen, so daß man jetzt durch einen aufgemauerten Pfeiler das ganze Gebälke, welchem der Einsturz droht, unterstützen muß... Die Monumente Athens, den Orten entrissen, für welche sie geschaffen waren, werden nicht nur einen Teil ihrer relativen Schönheit einbüßen, sondern auch der Stoff, aus dem sie bestehen, wird nach und nach sein schönes Aussehen verlieren.

Den ganzen Morgen brachten wir mit Besichtigung der Zitadelle zu. Früher hatten die Türken das Minarett einer Moschee an den Portikus des Parthenons angebaut, und über die zur Hälfte verfallene Treppe dieses Minaretts stiegen wir hinauf; wir setzten uns auf ein abgebrochenes Stück von dem Fries des Tempels und ließen unsere Blicke rund umherschweifen. Der Berg Hymettus lag im Osten vor uns, nördlich der Pentelikus, der Parnes an der nordwestlichen Seite, die Gebirge Ikarus, Korydallus oder Ägaleus westlich. Über den ersteren dieser Berge ragte die Spitze des Kithäron hervor; in Südwest und Mittag erblickte man das Meer, den Piräus, die Küsten von Salamis, Ägina, Epidaurus und die Zitadelle von Korinth.

Unter uns, in der Ebene, deren Umkreis ich beschrieben habe, sah man die Hügel nebst den meisten Monumenten Athens; südwestlich den Hügel des Museus, mit dem Grabmal des Philopappus; westlich die Felsen des Areopagus, des Pnyx und Lycabettus; nördlich den kleinen Berg Anchesmus und östlich die Anhöhen, welche das Stadium umgeben. Am Fuß der Zitadelle selbst lagen die Überreste vom Theater des Bacchus und des Herodes Atticus; diesen zur Linken standen einzelne große Säulen vom Tempel des olympischen Jupiter; in der Ferne, gegen Nordwest hin, erblickte man den Platz des Lyceums, den Lauf des Ilissus, das Stadion und einen Tempel der Diana oder Ceres. In der Gegend von Westen und Nordwest, nach dem großen Olivenwalde hin, zeigte mir Herr Fauvel den Platz des außer der Stadt gelegenen Keramikos, der Akademie und des dahin führenden mit Grabmälern besetzten Weges. Endlich, in dem vom Anchesmus und der Zitadelle gebildeten Tal, sah man die neue Stadt liegen.

Nun denke man sich diesen ganzen Raum bald kahl, bald mit gelblichem Heidekraut bewachsen, bald mit kleinen Olivenwäldchen, mit viereckigen Gerstenfeldern oder Streifen

---

ABBILDUNG: PARTHENON-FRIES. Oben: Poseidon, Apollon und Artemis, aus der Darstellung der olympischen Götter auf dem Ostfries. Akropolis-Museum, Athen. – Unten: Reiter aus dem Zug im Westfries. Am Bau (Photo Boissonnas).

---

von Weinbergen durchschnitten. Aus all diesem ragen Säulenschafte und Bruchstücke alter und neuer Ruinen hervor; weiß angestrichene Mauern und Gartenzäune ziehen sich durch die Felder hin; Albaneserinnen wandeln über die Straßen, Wasser zu holen oder Türkenkleider am Brunnen zu waschen; Bauern mit Eseln am Zaum, oder mit Vorräten für die Stadt bepackt, kommen und gehen. Man denke sich dazu alle die Berge mit den wohlklingenden Namen, alle die berühmten Ruinen, alle die nicht minder gefeierten Inseln und Meere, und das Ganze von einer glänzenden Sonne beleuchtet!... Ich sah von der Höhe der Burg herab die Sonne zwischen den beiden Spitzen des Hymettos sich erheben; die Krähen, welche um die Burg herum nisten, aber niemals die Höhe verlassen, schwebten über unsern Häuptern; ihre glänzend schwarzen Fittiche waren von den ersten Strahlen des Tages mit einem rötlichen Schimmer gefärbt; an der Schattenseite, längs der Wände des Hymettos, stiegen blaue, durchsichtige Rauchsäulen empor und zeigten die Stellen, wo die Bienenhütten standen; Athen, die Akropolis und die Ruinen des Parthenons lagen in den schönsten Schattierungen der Pfirsichfarbe vor unsern Augen; die von einem Goldstrahl horizontal beschienenen Bildhauerarbeiten des Phidias schienen sich zu beleben und in den zitternden Schlagschatten auf dem Marmor sich zu bewegen; in der Ferne lagen das Meer und der Piräus in hellem Lichte, und die Zitadelle von Korinth, den Glanz des jugendlichen Tages zurückstrahlend, schimmerte am westlichen Horizonte wie ein Felsen von Purpur und Feuer.

PAUSANIAS · DER PARTHENON UND DAS KULTBILD DER ATHENE

Es sind die Athener religiöser gesinnt als andre. So waren sie es, die als erste von Athene als der «Schafferin» sprachen. Von ihnen erstmals auch sind gliederlose Hermen aufgestellt worden. Und es ist im Tempel ihrer Göttin, daß die guten Geister hausen.

Am Tempel genannt Parthenon haben die Bildwerke im vordern Giebel alle mit Athenes Geburt zu tun, und die im hintern Feld stellen den Streit dar, den Athene mit Poseidon um den Besitz des Landes ausgetragen. Ihre Statue ist aus Elfenbein und Gold gefertigt. Das Abbild einer Sphinx krönt den Helm, und dessen beide Seiten zieren in erhabener Arbeit Greife. Von diesen sagt der Prokonnesier Dichter Aristeas, sie hätten mit den Arimaspen, die hinter den Issedonen daheim sind, um das Gold kämpfen müssen, das sie bewachen, und es stamme dies Gold aus der Erde.

Dem Standbild der Athene, in einen Chiton gehüllt, der ihr bis zu den Füßen herabwallt, ist an der Brust das Medusenhaupt in Elfenbein gearbeitet. In der einen Hand hält die Göttin eine Nike, etwa vier Ellen hoch, in der andern den Speer. Ihr zu Füßen liegt ein Schild, und nah bei der Lanze ein Drache, wohl Erichthonios. Den Sockel schmückt ein erhaben gearbeitetes Bild, das Pandoras Geburt darstellt.

JACOB BURCKHARDT · DIE PANATHENÄEN UND DER PARTHENON-FRIES

Die Panathenäen sind das periodische Hauptfest einer Stadt ersten Ranges, bei der festliebendsten aller Nationen, und werden alle vier Jahre begangen. Ihr vielleicht ursprünglicher Kern ist der, daß der Stadtgöttin auf der Akropolis, der Athene Polias, ein neuer Mantel dargebracht werden mußte.

Es ist ihnen ferner die Verbindung mit gymnastischen und musikalischen Wettkämpfen eigentümlich, welche zu den prächtigsten und vielartigsten von Griechenland gehörten und ihren Ruhm bis zu den Etruskern verbreiteten, so daß in halb Italien bemalte Vasen gefertigt wurden, als Nachahmung der Ölkrüge, welche in Athen als Preise dienten, mit der Beischrift: Wettpreis von Athen. Erst der vierte Tag des Festes gehörte dann der großen Prozession von der Stadt nach dem Erechtheion auf der Akropolis. Der Peplos, jedesmal von athenischen Jungfrauen unter priesterlicher Leitung gewirkt, enthielt irgendeine Großtat aus dem Mythus der Athene. Er wurde, ausgespannt und vollkommen sichtbar, auf einem Wagen gefahren, welcher die Gestalt eines Schiffes hatte.

Allein dieses Weihegeschenk hatte allmählich im Lauf der Zeiten eine Begleitung bekommen, welche eine der merkwürdigsten Prozessionen der Welt bildete. Anfangs mag mitgezogen sein, wer da von athenischen Bürgern wollte, und mitgelaufen ist hernach jedermann; aber in den Zug selbst kamen wohl mit der Zeit nur Auserlesene: Reiter, Bewaffnete mit Schild und Speer, die Sieger der soeben vollendeten Wettkämpfe, schöne Jungfrauen als Dienerinnen der Göttin, welche verschiedene Werkzeuge, Behälter und Gefäße des Kultus trugen, ehrwürdige Greise mit Ölzweigen, bekränzte Jünglinge, zum Teil wiederum als Träger von Opfergeräten, Flöten- und Kitharenspieler. Es war eine Exhibition des besten lebendigen Besitzes dieser Stadt.

Nun hätten wir scheinbar eine Abbildung dieses Zuges: am Parthenon, dem großen Haupttempel der Göttin in der Nähe des Erechtheions, ist unter Leitung und Angabe des Phidias der berühmte Fries entstanden, über fünfhundert Fuß lang, welcher die Mauer innerhalb der Säulenhalle krönte und sich jetzt größtenteils im Britischen Museum befindet. Man hat ihn für eine unmittelbare Darstellung des Panathenäenzuges oder auch nur der Vorprobe desselben erklärt, allein der Künstler hat sein Thema sehr viel freier aufgefaßt. Aus der Auswahl traf er eine zweite, viel höhere Auswahl, meist wenige aus vielen. Zunächst hat er sein athenisches Volk, welches wahrscheinlich in reichem Putz auftrat, in die einfachste Idealität zurückversetzt und statt der Athener des 5. Jahrhunderts die reinste hellenische Gestaltenwelt walten lassen. Losgesprochen von aller zeremoniellen Knechtschaft, bewegt sich hier die edelste Gesamterscheinung, welche je einer großen Menge von Menschen und Tieren zuteil geworden, frei und ungezwungen dem Heiligtum zu. Die einzigen, welche mitgehen müssen, sind die paar Gestalten von Schutzbürgern (Metöken) und ihren Frauen; gebückt tragen sie den übrigen das Opfergefäß und das Wassergefäß nach. Sodann hat Phidias sich nicht gescheut, am Anfang des Reiterzuges die Vorbereitungen dazu darzustellen, welche ihm die lebendigsten Motive boten: ungeduldige Rosse werden bereit gehalten, die Gürtung des Gewandes vervollständigt und anderes mehr. Er läßt seine Reiter und

Wagenfahrer auf das lebendigste sprengen, wie sie es im wirklichen Zuge gewiß nicht durften; Siegesgöttinnen führen die Zügel oder bekränzen den Fahrenden, welcher hiemit als einer der Kampfsieger der vorhergehenden Tage bezeichnet wird. Endlich hat Phidias auf geniale Weise seinen Zug von Anfang, von der Westseite des Tempels her, in zweie geteilt, welche an den beiden Langseiten des Tempels sich vorwärts bewegen, um an der Ostseite von links und rechts her auf die in der Mitte sitzenden Götter zu treffen. In der Nähe dieser Gestalten beginnen beide Züge stillezustehen; heilige Akte werden vollzogen, heilige Belehrung erteilt, der Peplos übergeben. Das nachherige große Festopfer und die gemeinsame reichliche Bewirtung des Volkes fanden natürlich keine Stelle mehr in dieser Darstellung, aber herrliche Rinder dieser Hekatombe gehen, zum Teil gebändigt, schon im Zuge mit.

ABBILDUNG: PARTHENON-FRIES. Kopf eines Reiters, Detail aus der folgenden Bildseite oben (Aufnahme in Schrägansicht von links) vom Westfries. Britisches Museum, London.

JACOB BURCKHARDT · DAS THEATER DER ATHENER

Und nun hatte dieses Athen noch sein Theater und schuf in seinen Tragödien die großartigste und letzte Verwirklichung des Mythus, welcher hier im Interesse einer neuen psychologischen Vertiefung ganz frei gehandhabt wurde, während seine Komödie als groteske Verklärung der Tagesinteressen und als eine bunte Welt in Karikatur die Menschen entzückte. Und zwar war es offenbar lange im Alleinbesitz der beiden dramatischen Gattungen und blieb es im Grunde immer. Nur hier lernte der Grieche diejenige Objektivierung hellenischen Wesens kennen, welche diese Gattungen gewähren, mochten die großen Agonalstätten auch alles übrige Musische auf Augenblicke bei sich zu konzentrieren imstande sein. Während er bisher von dramatischem Wesen etwa diejenige heilige Pantomime gekannt hatte, da ein Priester oder eine Priesterin einzelne Momente aus dem Mythus ihrer Tempelgottheit darstellte, und außerdem auf Spaßmacher, Charakternachahmer und Possenszenen beschränkt gewesen war, wurde er nun inne, daß es inmitten seines Landes eine Stadt gebe, wo aus dem Taumel des dionysischen Kultus eine lebendige Verbildlichung des ganzen Mythus sich erhoben habe; er erfuhr ferner, daß es hiefür einen eigenen kolossalen Bau gebe, in dessen Halbrund sich das Volk wie in einer zweiten Volksversammlung fühlen könne, während auf einer Bühne das, was anderswo nur Rhapsoden erzählten oder Bildwerke darstellten, durch lebendige Gestalten und reiche Chöre magisch vorgeführt werde, und zugleich erfuhr er, daß in demselben Bau zu gewissen festlichen Zeiten das Bild des wirklichen, jedesmaligen Athens in kolossaler grotesker Umgestaltung zur Darstellung gelange.

WILHELM VISCHER · DAS DIONYSOS-THEATER

Ein griechisches Theater hatte eine ganz andere Bedeutung als ein modernes; es war der Ort, wo den Göttern zu Ehren Chöre und die daraus erwachsenen Tragödien und Komödien aufgeführt wurden, und später benutzte man es dann auch zu allen größern Versammlungen festlicher und politischer Art. Jene Aufführungen fanden nur an großen Festen, die dramatischen speziell an den Festen des Bacchos oder Dionysos statt, unter der Leitung der obersten Staatsbehörden und der Teilnahme der ganzen Bevölkerung und zahlreich dazu herbeiströmender Fremden. Die ersten Dichter kämpften um den Preis, und die reichsten Bürger wetteiferten als Vertreter ihrer Stämme in prachtvoller und kostbarer Ausstattung der Stücke. Anfangs begnügte man sich, für die paar Feiertage jeweilen hölzerne Gerüste in dem großen Tempelbezirke des Bacchos, der sich an der Südseite der Burg ausdehnte,

---

ABBILDUNG: PARTHENON-FRIES. Oben: Zwei Reiter vom Westfries. Britisches Museum, London. – Unten: Jünglinge mit Opferrindern, vom Nordfries. Akropolis-Museum, Athen.

---

aufzuschlagen. Als diese aber einmal im Jahre 500 v. Chr. unter dem Gedränge der Menschen zusammengestürzt waren, wurde der erste Bau eines steinernen Theaters unternommen und auch bald so weit gefördert, daß die Aufführungen dort stattfinden konnten, wiewohl die gänzliche Vollendung erst in viel spätere Zeit fällt. Das Szenengebäude bestand aus einer gegen die Zuschauer gerichteten Fassade, die nach Bedürfnis verschieden dekoriert werden konnte und mit den Seitendekorationen, unsern Kulissen vergleichbar, einen nicht tiefen, aber breiten Raum, das Proszenium, umfaßte, auf dem sich die Schauspieler bewegten. Vor diesem, aber einige Stufen niedriger, lag halbkreisförmig die Orchestra, das heißt der Tanzplatz, wo der Chor sich aufstellte und seine Bewegungen und Tänze aufführte. Der für die Zuschauer bestimmte Teil stieg in konzentrischen, sich hintereinander erhebenden Sitzreihen um die Orchestra auf. Wo möglich wählte man für die Theater die Lage an einem Abhange, der als natürliche Substruktion für die emporsteigenden Sitze benutzt wurde, ja bisweilen wurden diese geradezu in den Felsen gehauen, wie das zum Beispiel in Argos und Chaironeia der Fall war. So war auch zu Athen das Theater in den Abhang hineingebaut, der von dem Burgfelsen unterhalb des Parthenons sich nach der Ebene hinabzieht. Dreißigtausend Menschen hat es nach alten Nachrichten gefaßt, und Architektur und Skulptur hatten zu seiner würdigen Ausstattung beigetragen. Jetzt freilich ist das Szenengebäude ganz verschwunden, von dem Sitzraum für die Zuschauer erkennt man nur die allgemeine Form und sieht einige wenige Stufen. Eine Menge griechischer Theater in den übrigen Teilen Griechenlands, in Sizilien, Unteritalien, Kleinasien sind unendlich besser erhalten. Trotzdem erwecken aber die dürftigen Spuren des Dionysostheaters in Athen ganz andere Gedanken und Gefühle in dem Beschauer als alle jene andern, nicht etwa nur, weil es das erste war, dem alle andern nachgebildet sind, sondern darum hauptsächlich, weil es die Wiege der dramatischen Kunst gewesen ist und die Stätte, wo sie ihren höchsten Triumph gefeiert hat.

Hier haben Aischylos, Sophokles und Euripides ihre Meisterwerke dem attischen Volke zur Beurteilung vorgelegt, und während sie darum rangen, von seiten dieses feinst auffassenden Theaterpublikums den Preis zu erhalten, zugleich durch würdige Darstellung der Gesetze einer göttlichen Weltordnung die edleren Gefühle im Volke geweckt und gestärkt.

ABBILDUNG: Oben: Blick vom Nordhang der Akropolis in Athen über das neuerdings freigelegte Gebiet des antiken Marktes (AGORA) gegen das Theseion. – Unten: DAS DIONYSOS-THEATER IN ATHEN, dessen Sitzreihen in den Südabhang der Akropolis gebaut sind, wurde an Stelle eines ältern Holzbaus in seiner neuen Form 336 v. Chr. vollendet, aber auch später noch mehrfach umgebaut, so unter Hadrian. Es bot 14000–17000 Zuschauern Platz. Blick von Westen: rechts das Bühnenhaus, davor die Orchestra, in deren Mitte der Altar des Dionysos stand, und darum die Sitzreihen, zuvorderst die Marmorsitze für die Standespersonen.

Theseus war bekanntlich der König, dem Athen vorzugsweise seine spätere Größe verdankte, sofern er das früher nur lose zusammenhängende Attika zu einem Staate vereinigt hatte. Man betrachtete ihn darum später geradezu als den Gründer der Staatsordnung, welche das Lebenselement Athens wurde, der Demokratie. Zugleich war er ein ritterlicher Held, der wie Herakles ruchlose Menschen strafte, Ungetüme bezwang, überhaupt Ordnung und Gesittung begründete und schirmte. Aber seine Verdienste und seine Aufopferung hatten nicht vermocht, ihm eine ruhige Regierung bis an sein Ende zu sichern. In der letzten Zeit waren neue Parteikämpfe ausgebrochen, in Folge derer er vertrieben worden war und auf der Insel Skyros im Ägäischen Meere eine Zufluchtstätte fand, wo ihn bald der Tod erreichte. Als nach den Perserkriegen Kimon diese von Seeräubern bewohnte Insel eroberte, gedachte man wieder des alten Fürsten und Wohltäters. Ein Orakel gebot, seine Gebeine nach Athen zu bringen. Ein Adler, heißt es, zeigte die Stätte, wo er begraben war, und Kimon fand daselbst, als er nachgraben ließ, die riesigen Überreste des Helden mit Lanze und Schwert aus Erz. Sie wurden unter feierlichem Gepränge nach der Vaterstadt gebracht und ihm nun ein Heiligtum errichtet, das man jetzt fast allgemein in dem wohlerhaltenen Tempel auf jener Höhe zu erkennen glaubt, wiewohl für die Identität desselben keineswegs eine sichere Überlieferung da ist, wie etwa für den Parthenon, das Erechtheion oder den Tempel des olympischen Zeus.

Dieser Tempel also ist ein Gebäude, das in seiner Konstruktion mit dem Parthenon eine nicht zu verkennende Ähnlichkeit hat, nur altertümlicher, kleiner und weniger reich ausgeschmückt ist. Es ist, wie so viele ältere Tempel, ein dorischer Hexastylos Peripteros, er hat einen Säulenumgang von je sechs Säulen an den Fronten und je dreizehn an den langen Seiten. Die Cella hat an der Ostseite einen tiefern, an der Westseite einen weniger tiefen Vortempel (Pronaos und Posticum) mit je zwei Säulen zwischen den beiden Anten. Von den achtundsechzig Metopen sind nur die zehn der Ostfronte und auf jeder Langseite die nächsten vier, also achtzehn mit Reliefs verziert. Die zehn der Ostfronte enthalten Taten des Herakles, die acht an den Langseiten solche des Theseus. Die andern fünfzig sind alle glatt geblieben und haben ohne Zweifel einst gemalte Figuren gehabt. Endlich lief nicht ein mit Figuren geschmückter Fries rings um die Cella, sondern dieser Schmuck

---

ABBILDUNG: Das sogenannte THESEION IN ATHEN, Westfront von Südwesten, dorischer Tempel von ungewöhnlich guter Erhaltung, ursprünglich wahrscheinlich dem Hephaistos und der Athena gemeinsam geweiht. Die Säulen 6 m hoch. Über der innern Säulenreihe ein Relieffries mit Kampfszenen zwischen Lapithen und Kentauren. Entstanden etwa zur gleichen Zeit wie der nach ähnlichem Plan und ebenfalls in pentelischem Marmor, aber beträchtlich größer ausgeführte Parthenon; das einzige verbürgte Datum ist eine Inschrift von 421, die die Errichtung der beiden Kultbilder meldet.

---

ist nur über den beiden schmalen Seiten angebracht, und zwar läuft der östliche Fries über die Cella hinaus, auf beiden Seiten auch noch über die Breite des Peristyls, während der westliche sich auf die Breite der Cella beschränkt. Auf diesem, dem westlichen, ist ein Kampf der Kentauren und Lapithen, in dem auch Theseus sich ausgezeichnet hatte, angebracht.

Die beiden Friese sind schrecklich verstümmelt, übrigens von vortrefflicher Arbeit, das Relief aber viel runder als am Parthenon, den Metopen nahekommend. Überall also sehen wir die Anfänge von dem, was am Parthenon erst zur gänzlichen Vollendung gebracht ist. So bildet das Theseion mehr als irgend ein anderer Tempel für uns den Übergang von den ältern dorischen Tempeln zu denen der vollendetsten attischen Zeit, aber so, daß es dieser schon ganz nahe steht; auch das Säulenverhältnis ist noch etwas weniger schlank als am Parthenon. Sehr ähnlich ist ihm in dieser Hinsicht der Tempel in Sunion, den ich als ungefähr der gleichen Zeit angehörig betrachte, nur daß dort die Säulen statt der zwanzig Kannelierungen des Theseustempels bloß sechzehn haben.

Besonders interessant ist das Theseion auch durch die in den Säulenhallen zum Teil sehr wohlerhaltene Felderdecke und durch die an dieser sowohl als an andern Teilen sichtbaren Reste der Bemalung, wie denn überhaupt der treffliche Zustand, in dem es auf uns gekommen, vorzugsweise erfreulich ist. Es steht dadurch über allen griechischen Tempeln, und selbst in Rom wird es in dieser Hinsicht von größern Tempeln wohl nur von dem Pantheon übertroffen. Es verdankt diese Erhaltung der frühen Umwandlung in eine christliche Kirche. An die Stelle des hellenischen Inhabers trat der ritterliche heilige Georg, dessen Kirche es auch während der ganzen Zeit der türkischen Herrschaft geblieben ist, und die Lage in der Unterstadt hat es vor den Katastrophen bewahrt, welche die in der Burg gelegenen Heiligtümer in Folge kriegerischer Ereignisse zu verschiedenen Zeiten betroffen haben.

ABBILDUNG: Kopf des EPHEBEN VON MARATHON, Bronze, 4. Jahrhundert. 1925 bei Marathon im Meer gefunden. Nationalmuseum, Athen.

JOHANN JOACHIM WINCKELMANN
VON DER SCHÖNHEIT GRIECHISCHER BILDWERKE

Die Kenner und Nachahmer der griechischen Werke finden in ihren Meisterstücken nicht allein die schönste Natur, sondern noch mehr als Natur, das ist gewisse idealische Schönheiten derselben, die, wie uns ein alter Ausleger des Platon lehrt, von Bildern bloß im Verstande entworfen, gemacht sind.
Der schönste Körper unter uns wäre vielleicht dem schönsten griechischen Körper nicht ähnlicher, als Iphikles dem Herkules, seinem Bruder, war. Der Einfluß eines sanften und reinen Himmels wirkte bei der ersten Bildung der Griechen, die frühzeitigen Leibesübungen aber gaben dieser Bildung die edle Form.
Zu den Leibesübungen waren die großen Spiele allen jungen Griechen ein kräftiger Sporn, und die Gesetze verlangten eine zehnmonatige Vorbereitung zu den olympischen Spielen, und dieses in Elis, an dem Orte selbst, wo sie gehalten wurden. Die größten Preise erhielten nicht allezeit Männer, sondern meistenteils junge Leute, wie Pindars Oden zeigen. Dem göttlichen Diagoras gleich zu werden, war der höchste Wunsch der Jugend.
Die Schule der Künstler war in den Gymnasien, wo die jungen Leute, welche die öffentliche Schamhaftigkeit bedeckte, ganz nackend ihre Leibesübungen trieben. Der Weise, der Künstler gingen dahin: Sokrates, den Charmides, den Autolycus, den Lysis zu lehren; ein Phidias, aus diesen schönen Geschöpfen seine Kunst zu bereichern. Man lernte daselbst Bewegungen der Muskeln, Wendungen des Körpers: man studierte die Umrisse der Körper oder den Kontur an dem Abdrucke, den die jungen Ringer im Sande gemacht hatten.
Der Eingang zu vielen Gesprächen des Platon, die er in den Gymnasien zu Athen ihren Anfang nehmen ließ, gibt uns ein Bild von den edlen Seelen der Jugend und läßt uns auch hieraus auf gleichförmige Handlungen und Stellungen an diesen Orten und in ihren Leibesübungen schließen.

Das allgemeine vorzügliche Kennzeichen der griechischen Meisterwerke ist endlich eine edle Einfalt und eine stille Größe, sowohl in der Stellung als im Ausdruck. So wie die Tiefe des Meeres allezeit ruhig bleibt, die Oberfläche mag noch so wüten, ebenso zeigt der Ausdruck in den Figuren der Griechen bei allen Leidenschaften eine große und gesetzte Seele.

ABBILDUNG: STELE EINES WAFFENLÄUFERS, darstellend den Hoplitodromos. Krieger im Knielaufschema im Augenblick der Ankunft am Ziel oder des Zusammenbrechens. Parischer Marmor, 1,02 m hoch, gefunden 1902 am Theseion. Attisch, um 520. Nationalmuseum, Athen.

GRABINSCHRIFTEN

Mensch! Unendliche Zeit verging, bevor du den Morgen
Sahst, und unendliche Zeit wird in der Unterwelt sein.
Was dazwischen dir bleibt an Dasein, dauert es länger,
Als ein Augenblick währt? Flieht es nicht rascher vorbei?
Wie zermalmt erscheint dein flüchtiges Leben, und ist doch
Selber nicht süß. Ja es schmeckt bitterer gar als der Tod.
Hier, aus solchem Gefüge von Knochen sind Menschen geschaffen.
Und zu Wolken und Luft heben sie kühn sich empor.
Siehe, wie eitel das ist! ···································
···
Forsche du Tag für Tag, o Mensch, nach Maßen der Kräfte,
Und in bescheidenem Kreis werde dir Ruhe zuteil.
Wenn du die Nähe der Sterblichen suchst, bedenke im Geiste
Stets: Aus gebrechlichem Rohr bist du zusammengefügt.

Leonidas

Auch den Felsen benagt die lange Zeit, und des Eisens
Schont sie nicht. Alles zumal mäht ihre Sichel hinweg.
So auch hier des Laertes Grab, das, nahe der Küste,
Eisigen Regens armselige Spende benetzt.
Ewig jung aber bleibt der Name des Helden. Was Dichter
Singen, entkräftet nie, wie sie's gelüstet, die Zeit.

Unbekannter Dichter

Saon ruht hier, Dikons Sohn, von Akanthos, in heilgem
Schlummer. Nenne nicht tot Männer, die edel gelebt.

Kallimachos

Übersetzungen von Emil Staiger

ABBILDUNG: GRABSTELE EINES EPHEBEN, in Salamis gefunden, Marmor, 1,1 m hoch: ein Jüngling mit Mantel, in der Linken einen Vogel haltend, erhebt die Rechte zu einem Vogelbauer; auf einem Pfeiler eine Katze, davor der kleine Diener und Freund des Verstorbenen. Attisch, gegen Ende des 5. Jahrhunderts, an den Parthenon-Fries erinnernd. Nationalmuseum, Athen.

Folgende Seiten: Zwei Details aus der GRABSTELE DES PANAITIOS, gefunden im Keramikos in Athen, Grabmal für einen Reiter: Auf dem rechten Gefäß (Lutrophoros) ist der verstorbene Jüngling dargestellt, auf seine Lanze gestützt, beim Abschied von seinem Vater. Auf der Lekythos links ein Knabe mit einem Reifen. Attisch, aus der zweiten Hälfte des 5. Jahrhunderts. Nationalmuseum, Athen.

ΠΑΝΑΙΤΙΟΣ ΑΜΑΞΑΝΤΕ

ΝΝΩ

GRABINSCHRIFTEN

Frisch ist Erde gehäuft und, an der Säule befestigt,
Flattern, dem Welken nah, einige Kränze von Laub.
Wanderer! Lasset die Schrift uns sichten, ob etwa der Marmor
Künde, wessen Gebein, traurigen Rest, er bewahrt.
«Aretēmias bin ich, o Fremdling, von Knidos; mit Euphron
War ich vermählt. Gar wohl kannt' ich die Wehn der Geburt.
Zwei gebar ich zumal. Eins ließ ich dem Gatten als Stütze.
Zum Gedenken an ihn nahm ich das andere mit.»

Herakleitos

Tafeln von Stein! und ihr Sirenen! und Urne der Trauer,
Welche den spärlichen Rest Asche dem Hades bewahrt!
Die vorüberziehen an meinem Hügel, aus fremden
Orten, aus meiner Stadt, grüßet die Wanderer all!
Ward als Jungvermählte bestattet – kündet auch dieses! –
Und aus Tēnos stammt – sollen sie wissen – mein Haus.
Baukis nannte der Vater mich. Doch auf den Gedenkstein
Grub Erinna mir, meine Gefährtin, den Spruch.

Erinna

Baukis, der Jungvermählten, gehör ich. Nahst du dem Grabstein,
Den so viele beweint, sage dem Totengott dies:
«Neidisch bist du, Hades!» – Und siehst du die schönen Figuren,
Ach, so melden sie dir Baukos rauhes Geschick:
Wie mit jener Fackeln Glut, die den Liedern auf Hymen
Brannten, der Schwäher den Holzstoß der Verblichnen entfacht,
Und du selbst, Hymenaios, die Feierklänge der Hochzeit
Zu des Klagegesangs traurigen Tönen gestimmt.

Erinna

Übersetzungen von Emil Staiger

ABBILDUNG: GRABSTELE DER MYNNO, spinnend auf einem Stuhl sitzend, zwischen Athen und dem Piräus gefunden, pentelischer Marmor, 59 cm hoch, attisch, aus dem letzten Drittel des 5. Jahrhunderts. Altes Museum, Berlin.

GRABINSCHRIFTEN

Götter verwandelten mich, die Beseelte, zu Stein. Doch aus Stein schuf
Mich zum beseelten Geschöpf wieder Praxiteles' Kunst.

Eines Mädchens Grab ist dies. Oft rief hier die Mutter
Kleino klagend dem Kind, das sie so frühe verlor,
Flehte Philainis' Seele zurück, die vor der Vermählung
Feier des Acheron bläßliche Flut überschritt.

Anyte

Statt das Brautgemach und die heilige Hochzeit zu rüsten,
Hat die Mädchenfigur hier auf das steinerne Grab
Deine Mutter gestellt. Die Wohlgestalt und die Maße,
Thersis, sind dein! Auch im Tod scheinst du dem Gruße geneigt.

Anyte

Prote, du bist nicht tot, du gingst in ein besseres Land nur,
Und in der Fülle des Glücks bewohnst du die Inseln der Sel'gen.
Dort ergötzest du dich im Tanz auf elysischen Feldern,
Allen Leiden entrückt, inmitten lieblicher Blumen.
Winter betrübt dich nicht, nicht Hitze; nicht Krankheit quält dich.
Weder Hunger noch Durst befällt dich; sogar nach den Menschen
Sehnst du dich förder nicht mehr. Du lebst in lauterem Glanze,
Ohne Makel, nahe olympischen Höhen in Wahrheit.

Unbekannter Dichter

Übersetzungen von Emil Staiger

ABBILDUNG: GRABSTELE EINER FRAU, Detail mit dem Kopf der Verstorbenen, der eine Dienerin ein Schmuckkästchen reicht. Gefunden im Piräus. Attisch, Anfang des 4. Jahrhunderts. Nationalmuseum, Athen.

Die Weihen von Eleusis sind oft (und bereits im Altertum) viel zu sehr als Norm für alle Geheimdienste angenommen worden, während sie sich von den Mysterien anderer Heiligtümer schon ganz äußerlich auf das stärkste unterscheiden als Massenweihen. Sodann haben die Ambitionen des ganzen vorzeitlichen und historischen Athen, die Phantasien des ganzen griechischen Volkes eine Überlieferung von Ehrfurcht und Entzücken hinterlassen, welche heute noch forttönt, wobei uns der wahre Hergang und Inhalt vorenthalten geblieben ist, während sich Bergeslasten von Antiquitäten darüber aufgetürmt haben.
Eleusis war der Ort, wo Demeter nach langem Suchen durch alle Lande die Kore (Persephone) gefunden hatte; ihnen beiden allein galt ursprünglich der Geheimdienst, welchen Demeter selbst die Gebieter von Eleusis gelehrt haben sollte und welcher von frühe an auf das Schicksal nach dem Tode muß bezogen worden sein. Im Homerischen Hymnus auf die Göttin lauten die daran geknüpften Verheißungen noch bescheiden: «Glücklich, wer von den Erdenmenschen dieses geschaut hat; im dunklen Schattenreiche ist das Geschick der Geweihten und der Ungeweihten nicht dasselbe.» – Das Alter der Weihen konnte man natürlich kaum hoch und mythisch genug ansetzen; sicher ist nur, das wenigstens das Heiligtum mit wichtigem Kult schon vor der dorischen Wanderung bestand, indem die neleidischen Herrscher von Ephesos bereits die erbliche Priesterschaft der eleusinischen Demeter mit sich über Meer bringen konnten.
Mit den Jahrhunderten wurde aus diesen Weihen ein gewaltiges periodisches Ereignis, über dessen Äußerlichkeiten wir sehr vielseitig unterrichtet sind: über die dazu gehörenden Bauten schon in Athen selbst, dann an der Heiligen Straße, und endlich über das mächtige Anaktoron oder Megaron in Eleusis, den Wunderbau des Iktinos, welcher so viele Menschen fassen konnte als ein Theater; sodann über die priesterlichen Verrichtungen und deren Erblichkeit in athenischen Familien, über das Zeremoniell des Zuges und der Vorbereitungen, über die Verteilung der Funktionen auf die verschiedenen Tage usw. Jede Einzelheit hat hier ihre Motivierung, ihre stützenden Seitenmythen. Im Verlauf der Zeit hatten sich die Feste in ein größeres mehrtägiges und ein kleineres, die Weihen aber in zwei vorbereitende und einen vollendeten Grad geschieden, womit eine Steigerung des Verlangens bewirkt worden sein soll. Eleusis servat, quod ostendat revisentibus, heißt es bei Seneca. Bei den Griechen verbreitete sich die Überzeugung, daß dieser Geheimdienst hoch über all denjenigen stehe, welche anderswo begangen wurden; miteinander waren

---

ABBILDUNG: GRABSTELE VON TIMARISTA UND KRITO, in Kamiros auf Rhodos 1930 gefunden, weißer Marmor, Höhe der ganzen Stele 1,62 m. Die ältere Frau, vermutlich die Mutter (laut Beischrift Timarista), legt die Rechte um den Hals des Mädchens (Krito), das sich ihr mit erhobener rechter Hand naht. Stilistische Herkunft umstritten (attisch oder ionisch), um 460. Museum von Rhodos.

---

gewachsen die prächtige und feierliche Ausstattung und die Meinung der Griechen von einem tröstlichen, beglückenden Inhalt: das Wiederemporsteigen der Kore, wahrscheinlich auch das Wiederaufleben des Jakchos waren Sinnbilder eines seligen Jenseits für die Menschen geworden.

WILHELM VISCHER · ELEUSIS

Wenige Orte haben in der Entwicklungsgeschichte des menschlichen Geistes einen so bedeutenden und doch zugleich in geheimnisvolles Halbdunkel gehüllten Namen wie das Städtchen Eleusis. Wer hat nicht von den eleusinischen Mysterien gehört und wohl auch umsonst nähere Auskunft über dieselben gesucht! So wird wohl auch niemand, wenn er auch nur wenige Tage in Athen verweilt, versäumen, dieser uralten Kultstätte einen Besuch abzustatten, der überdies auch in rein landschaftlicher Beziehung sehr belohnend und mit geringster Mühe zu machen ist.

Der Weg folgt fast ganz der alten sogenannten Heiligen Straße, auf der sich einst an dem Feste der eleusinischen Mysterien die große Prozession in feierlichem Zuge von Athen nach Eleusis bewegte. Solche heilige Straßen, die zu allen bedeutendern Heiligtümern, oft weit her, führten, wurden die mit religiöser Scheu unterhaltenen und durch sie gesicherten Verkehrsadern und Verbindungen der verschiedenen Landesteile. An ihren Seiten erbaute man gern den Göttern Heiligtümer, bestattete man gern die Verstorbenen und errichtete ihnen Denkmäler. So war es besonders auch an dieser zwischen Athen und Eleusis der Fall, wo eine solche Menge von Monumenten standen, daß schon um das Jahr 200 v. Chr. der gelehrte Polemon von Ilion ein besonderes Buch darüber schrieb.

Bei Daphni öffnet sich der Blick nach dem Meere und der gegenüberliegenden Insel Salamis, anfangs noch in den engen Rahmen der Berge eingeschlossen, die auf beiden Seiten der Straße hinziehen, allmählich, wie man zum Meere hinabsteigt, sich nach Nordosten und Norden erweiternd. Das Meer erscheint hier, von allen Seiten durch die Insel Salamis und die attische Küste geschlossen, wie ein mittelgroßer Landsee, vom tiefsten Blau.

An der Küste, wo sich die Schlucht zu einer kleinen Ebene ausweitet, wendet sich der Weg nun rechts nach Norden, auf der westlichen Seite vom Meere bespült, an der östlichen von den dürren Abhängen des Aigaleos eingeschlossen, die aber bald wieder etwas zurücktreten und für eine kleine Fläche Raum lassen. In dieser liegt rechts von der jetzigen Straße ein kleiner klarer See oder Teich, der durch hier entspringende, sehr starke Salzquellen gespeist wird und nach der Straße zu durch eine Mauer aufgedämmt ist.

Bald nach dem Salzteiche springt der Bergrücken bis ganz nahe ans Ufer vor, und durch den so gebildeten Paß tritt man in die thriasische und eleusinische Ebene ein, die, von dem Parnes und Kithäron rings umkränzt, den ergiebigsten Getreidebau von Attika hatte und noch jetzt durch gute Bebauung und Fruchtbarkeit sich auszeichnet; der aus dem Kithäron herabfließende Kephissos und zwei kleinere Bäche, die von Parnes kommen, bewässern sie, sind aber auch, aus Mangel an wohlgeregeltem Ablauf, die Ursache, daß längs dem

Ufer das Land versumpft ist. Jetzt ist die Gegend baumlos, aber das damals eben im frischesten Grün stehende Getreide gab ihr dennoch ein freundliches Ansehen. Eleusis, oder, wie es jetzt mit wenig verändertem Namen heißt, Levsina (auch Lepsina), liegt an einem fast isolierten, mit der nahen Küste parallel laufenden Hügel im Westen der Ebene. Auf dem schmalen Rücken des Hügels war einst die Burg gebaut, deren Mauern sich noch verfolgen lassen. Auf dem äußersten westlichen, zugleich höchsten Punkt, mit einer prächtigen Rundschau, steht auf antiken Grundmauern ein viereckiger mittelalterlicher Turm, der besonders unten aus mächtigen alten Werkstücken zusammengesetzt ist. Die Stadt selbst dehnte sich auf der ebenen Fläche um den Hügel, namentlich südöstlich nach dem Meere aus; die mit der Burg zusammenhängenden Stadtmauern sind noch an einigen Stellen sichtbar. Zwei scherenförmige Steindämme, von denen besonders der westliche noch wohlerhalten ist, bildeten einen kleinen künstlichen Hafen. Eleusis war seit den ältesten Zeiten ein bedeutender Ort; zuerst finden wir es im Kriege mit Athen, dann unter den zwölf alten Städten Attikas, und nicht selten kommt es als fester Platz vor, wie ihm denn seine Lage an dem Wege nach dem Peloponnes eine militärische Wichtigkeit gab, seitdem Megara von Athen getrennt war. Aber sein Hauptruhm, seine über alle hellenischen Stämme und allmählich weit über Griechenlands Grenzen hinausreichende Bedeutung war nicht politischer oder militärischer Art, sondern religiöser. Hier war der berühmte Tempel der Demeter und ihrer Tochter, der Persephone oder, wie sie hier heißt, der Kore; hier der Sitz der Mysterien, welche die Eingeweihten nach dem Glauben der Hellenen der Seligkeit teilhaftig machten. Den eigentlichen Inhalt des Geheimdienstes und der Geheimlehre zu erforschen, hat man sich vielfach bemüht; aber vollständig sie zu ergründen wird nie gelingen, nicht nur, weil mit größter Gewissenhaftigkeit das Geheimnis bewahrt wurde, sondern wohl noch mehr, weil man sich kein zusammenhängendes System von Lehren darunter denken darf. Es wurde mehr gezeigt als eigentlich gelehrt, mehr durch mystische Symbole auf das Gemüt und die Sinne als durch Lehren auf den Verstand gewirkt. Doch ist nicht zu bezweifeln, daß der Glaube an ein Fortleben nach dem leiblichen Tode, mit Beziehung auf die schaffende Kraft der Natur und die heilige Geschichte der Demeter, einen Mittelpunkt der Mysterien bildete, wie denn von ihnen gerühmt wird, daß sie den Eingeweihten süßere Hoffnungen für das Ende des Lebens und für die Ewigkeit gäben. Es ist höchst merkwürdig, wie sie fortwährend Gegenstand der heiligsten Ehrfurcht waren. Die attische Komödie, die sonst kaum etwas mit ihrem Spotte verschonte und namentlich auch später eingedrungene Geheimdienste bitter verfolgte, hat sie nie anders als im Tone des frömmsten Ernstes berührt und Aristophanes selbst in seinen «Fröschen» sie glänzend verherrlicht. Alkibiades stürzte von seiner Höhe, als er in den Verdacht kam, die Mysterien verhöhnt zu haben; zurückgekehrt aus langer Verbannung, legte er einen besondern Wert darauf, die große Prozession, die seit Jahren wegen der Anwesenheit feindlicher Truppen in Attika nicht in regelmäßiger Weise stattgehabt hatte, unter dem Schutze seines Heeres nach Eleusis zu geleiten. Ganz Athen war von frommer Freude ergriffen, als das Fest wieder einmal in seinem vollen Glanze konnte gefeiert werden.

Wann das älteste Heiligtum in Eleusis erbaut worden, ist so wenig bekannt wie die Zeit der Einführung des Kultus der Demeter überhaupt, der entschieden aus der Fremde gekommen ist, wie schon der Name Eleusis, d.h. die Ankunft, verrät. Aber der berühmte Tempel, das «Mysten aufnehmende Haus», wie Aristophanes ihn nennt, war wie die Prachtbauten der Akropolis nach den Zerstörungen des Perserkrieges, in der Zeit von Athens höchster Blüte, unter Perikles' Staatsverwaltung aufgeführt worden. Die Oberleitung des Baues hatte der größte griechische Architekt, Iktinos, unter dem aber mehrere andere namhafte Meister arbeiteten. Erst über ein Jahrhundert später ließ Demetrios von Phaleron die äußere Säulenhalle ansetzen. Es war einer der größten griechischen Tempel und nach einem ganz eigentümlichen Plane gebaut, was durch seine besondere Bestimmung bedingt war. Der gewöhnliche griechische Tempel war nichts als ein Gotteshaus im engern Sinne, das heißt, er war gedacht als die Wohnung des betreffenden Gottes. Der eleusinische aber war nicht nur dies, er war zugleich bestimmt, an den Mysterien die ganze Masse der Eingeweihten aufzunehmen, um die Heiligtümer zu schauen. Er stand auf einer mächtigen, mit Platten belegten Terrasse am östlichen Ende des Akropolishügels, den durch die Ebene von Athen Herkommenden zugewandt. Große Überreste des Unterbaues und des Tempels selbst bedecken jetzt den Raum. Aber es ist sehr schwer, sich an Ort und Stelle eine klare Vorstellung davon zu machen; denn der größere Teil des Dorfes Levsina ist in die alten Tempelruinen und den heiligen Bezirk hineingebaut.
Nicht weit vor den äußern Propyläen am Abhange des Hügels sieht man die wenigen Überreste eines kleinen Tempels der Artemis Propyläa, und nahe dabei soll man die Grundfläche des Tempels des Poseidon unterscheiden, die ich selbst aber nicht bemerkt habe. Weiter entfernt, links an der Straße nach Athen, wo jetzt die als kleines Museum dienende Kirche des heiligen Zacharias steht, ist ohne Zweifel der Tempel des Triptolemos zu suchen, des eleusinischen Heros, den Demeter zuerst den Getreidebau gelehrt hatte.

ABBILDUNG: WEIHRELIEF AUS PHALERON an Hermes und die Nymphen, 1893 gefunden. Marmor, 78 cm hoch. Auf der einen Seite (oberes Bild): Echelos entführt Basile, die wegstürmenden Pferde des Viergespanns führt Hermes. Attisch, um 400. Nationalmuseum, Athen.
Unten: Blick über die heiligen Stätte von ELEUSIS.

FRANÇOIS-RENÉ DE CHATEAUBRIAND · ELEUSIS UND SALAMIS

Alle Reisenden haben Eleusis besucht, alle dortigen Inschriften sind abgeschrieben worden. Es bleibt mir also nach so vielen Reisenden über Eleusis nichts mehr zu berichten übrig, außer daß ich mitten unter diesen Ruinen umherging, daß ich nach dem Hafen hinabstieg und dort verweilte, um die Meerenge von Salamis zu betrachten. Die Zeit der Feste und Herrlichkeiten war vorüber; in tiefer Stille ruhte die See und das Land; verhallt waren die Jubeltöne und Festgesänge der zur jährlichen Feier heranziehenden Volksscharen, und auf den Wellen tummelten sich nicht mehr, in wilder Kriegslust aneinanderprallend, zweier Feinde Galeeren. Meine Einbildungskraft reichte nicht zu, bald den Pomp der feierlichen Züge der Priester von Eleusis, bald das unzählbare, während der Schlacht von Salamis die Ufer bedeckende Kriegsheer der Perser sich vorzustellen. Eleusis ist, nach meiner Meinung, der ehrwürdigste Ort Griechenlands, weil man daselbst die Einheit Gottes lehrte und weil dieser Ort Zeuge der größten Kraftanstrengung war, welche jemals von Menschen zur Erkämpfung ihrer Freiheit versucht ward.

Nur die Nacht konnte mich endlich vom Ufer wegtreiben. Die vom Abendwinde emporgehobenen Wellen bespülten den Sand und schlugen an meine Füße. Ich ging einige Zeit längs dem Meere fort, welches zu dem Grabmal des Themistokles hinströmt, und aller Wahrscheinlichkeit nach war ich in jenem Augenblick der einzige Mensch in Griechenland, welcher des großen Mannes gedachte.

ABBILDUNG: WEIHRELIEF VON ELEUSIS, 1859 gefunden. In der Mitte der Knabe Triptolemos, vor ihm links Demeter mit Zepter, überreicht ihm Ähren, rechts Demeters Tochter Persephone oder Kore, mit der Rechten Triptolemos bekränzend, in der Linken eine Fackel. Pentelischer Marmor, 2,2 m hoch. Attisch, um 440–430.

Die Insel Aigina hatte es ihrer Lage und örtlichen Vorteilen zu verdanken, daß sie in einer sehr frühen Periode von einem reichen, mächtigen und industrievollen Volke bewohnt ward. Als ihre Bevölkerung aber die Kräfte der Insel überstieg, da befreite sie sich in der Tat bald von dem Überfluß ihrer Bewohner durch Ansiedlungen, die sie in den fernsten Ländern unternahm. Nach Strabo und Aelianus war hier das erste Volk, das Silbermünzen prägte, und man nannte diese darum Aigineion.

Aigina, durch seinen weit ausgedehnten Handel berühmt, ward der allgemeine Handelsplatz von ganz Griechenland. Zu einer gewissen Periode überwog seine Seemacht die der Athener; allein seine stets wachsende Macht und sein Reichtum erregten bald die Eifersucht seiner mächtigen Nachbarn, die in offene Feindseligkeit ausbrach, bis der gewaltige Einbruch von Xerxes eine Zeitlang diese uneinigen Nebenbuhler für die gemeine Sache Griechenlands vereinigte. Bei der Schlacht von Artemision hatten die Aigineten achtzehn Schiffe; dreißig bei der Schlacht von Salamis und fünfhundert Männer in der Schlacht bei Plataä. Die reiche persische Beute ward nach Aigina verkauft und trug zur Vermehrung seines Reichtums nicht wenig bei. Lange nach dieser rühmlichen Epoche der vereinigten Macht gewannen die Athener einen Sieg zur See über die Aigineten, nahmen ihnen siebzig Schiffe ab und belagerten ihre Hauptstadt, die, einige Zeit darauf, sich durch Kapitulation an sie ergab. Im ersten Jahre des Peloponnesischen Kriegs vertrieben die Athener die Aigineten von ihrer Insel und bevölkerten sie mit anderen Einwohnern. Die Flüchtlinge siedelten sich zu Thyrea, einem Distrikt im Golf von Hermione, an, der an Argolis und Lakonia stieß: sieben Jahre darauf belagerten und zerstörten die Athener auch diese neue Niederlassung, und der Rest des aiginetischen Stammvolkes ward teils zerstört, teils zerstreut. Noch einmal erhielt Aigina seine Unabhängigkeit, nachdem Lysander Athen eingenommen hatte. Von den Römern ward es dem König Attalus überlassen, und lange nachher ward es von Antonius den Athenern wieder unterwürfig gemacht; allein Augustus gab ihm die Freiheit wieder.

Der Boden von Aigina ist felsig und von heller Farbe, jedoch fruchtbar und ein treffliches Getreide bringend. Desgleichen trägt er Wein, Oliven, Baumwolle und Gartenfrüchte.

Der Tempel des Zeus Panhellenios (APHAIA-Tempel)

Wahrscheinlich ist dieser Tempel nach dem zu Korinth der älteste in Griechenland. Wenn wir dem Pausanias glauben, so war er von Aiakos, Sohn des Jupiter, erbaut worden. Es scheint nämlich, als ob schon in einer sehr frühen Vorzeit Jupiter bei den Aigineten die

---

ABBILDUNG: ATHEN, die Akropolis vom Areopag aus gesehen.

Hauptgottheit gewesen sei, und wir erhalten aus Herodotus die Nachricht, daß, als Amasis den Griechen es erlaubte, in Ägypten Tempel zu errichten, die Aigineten dem Jupiter, die Samier der Juno und die Mileter dem Apollon einen Tempel erbauten.

Der Berg Panhellenion, auf welchem der Tempel steht, beherrscht, obgleich nicht besonders hoch, den größten Teil der Insel und erfreut den Wanderer durch eine Aussicht voll Schönheit und Interesse. Sie gewährt den Anblick von ganz Attika, von den Skironischen Felsen an bis zum Vorgebirge von Sunion, nebst der Stadt Athen, dem ganzen Saronischen Golf und einigen entfernten Inseln des Archipelagus.

Der Tempel steht von jeder Wohnung weit entfernt und ist von Gebüschen und kleinen Fichten rings umgeben. Keine Ruine in Griechenland ist malerischer, da jeder Punkt einen eigentümlichen Reiz hat. Ursprünglich bestand er aus sechsunddreißig Säulen, die innerhalb der Zella ausgenommen. Innerhalb der Zella befanden sich zehn kleinere Säulen, fünfe auf jeglicher Seite, die das Dach trugen.

Der Tempel besteht aus einem milden porösen Stein, der leicht zu behandeln ist. Er war mit einem dünnen Stucco überkleidet, der ihm das Äußere des Marmors gegeben haben muß. Der größte Teil der Säulen besteht aus einzelnen Säulenstücken.

Ein kleiner steinerner Altar, gegen zwei Fuß hoch, ward in der Zella entdeckt. Die so berühmten Statuen von parischem Marmor wurden an den beiden äußersten Enden des Tempels unter den Tympana aufgefunden, von denen sie in unbekannter Zeit herabgestürzt sind. Ihre Entdeckung, die in ihrer Wichtigkeit von keiner ähnlicher Art in den neuern Zeiten übertroffen ward, hat man einigen unserer Landsleute (C. R. Cockerell und John Foster) und zwei deutschen Reisenden (Linck und Haller) zu verdanken. Mehrere haben vermutet, daß sie die vorzüglichsten griechischen Helden aus der Ilias vorstellten, die mit den Troern um den Leichnam des Patroklus kämpfen. Athene, mit ihrem Helm, ihrer Ägide, Schild und Speer bewaffnet, ist die Hauptfigur, und weil sie die höchste an Gestalt ist, so schließt man daraus, daß sie im Mittelpunkte des Tympanon gestanden, unter dem sie gefunden ward. Die andern Figuren sind Kämpfer in verschiedenen Trachten und Stellungen; deren Schilde sind kreisförmig und ihre Helme sind mit dem Lophos bedeckt. Die Körper von einigen sind nackend, während andere mit Rüstungen oder Häuten verhüllt sind. Mit sehr großer Einsicht sind ihre Stellungen der Form der Tympana und den von ihnen eingenommenen Plätzen angepaßt. Die Muskeln und Adern zeigen die sanfte Biegsamkeit des lebenden Körpers, und jede Beugung und Wendung desselben steht mit der Natur im vollkommensten Einklang; mit dorischer Strenge vereinen sie die leichte Anmut jugendlicher Formen. Einige Locken, die in kurzen Ringeln herabhängen, sind von Blei und noch erhalten. Die Helme waren mit Beiwerken von Metall verziert, und die Waffen zum Angriff bestanden wahrscheinlich aus Bronze. Alle Figuren waren gemalt; die Farbe ist noch sicht-

---

ABBILDUNG: AIGINA. APHAIA-TEMPEL. – Die 1956 wieder aufgerichtete zweistöckige innere Säulenreihe.

---

bar, obgleich fast verblichen. Von dem Boden, in dem die Statuen verschüttet lagen, hat der weiße Marmor, aus dem die Statuen bestehen, einen gelben Ton angenommen. Ihre zertrümmerten Körperteile sind in Rom mit vieler Einsicht wieder vereinigt worden; manche von ihren äußeren Teilen, die bei dem Ausgraben nicht aufgefunden wurden, sind so gut hergestellt und nachgeahmt worden, daß man sie von den Originalen kaum unterscheiden kann. Ihre Bestimmung ist, das Antikenkabinett in München zu einem der bedeutendsten in der Welt zu machen.

ADOLF FURTWÄNGLER · GLANZ UND NIEDERGANG VON AIGINA

Gewiß hat schon der Verlust der politischen Selbständigkeit um 456 Aigina sehr zurückgebracht; vollends wurde es geschädigt, als die attischen Kleruchen 429 von der Insel Besitz ergriffen und ihre Bewohner vertrieben. Die Insel begann zu veröden. Am Aphaia-Heiligtum wurde es still. In dem Badestübchen im Südosten fanden wir noch den Schemel, der sicherlich aus dem 5. Jahrhundert stammt, in situ stehen; es wurde in der späteren Zeit wohl gar nicht mehr benützt. Im Opisthodom lag die bald nach der Fertigstellung des Tempels erworbene schöne attische Schale noch auf dem Opfertisch, als 1811 zwei wißbegierige Gelehrte den Schleier zu lüften begannen, der Jahrhunderte lang die Geheimnisse der Aphaia gehütet hatte.

Eine große, herrliche Glanzzeit hat Aphaia erlebt, als der neue Tempel und seine Skulpturen entstanden; als Pindar, wohl zur Einweihung des glänzenden Neubaues, sein Lied auf Aphaia dichtete, das ein Mädchenchor auf der Thymele vor dem neuen Altare gesungen haben wird. Der Dichter selbst mag im neuerbauten Hause des Priesters mit seinen aristokratischen Freunden das Festmahl gefeiert haben. Aigina stand auf seiner Höhe, und die künstlerische Vollendung seines Aphaia-Tempels war ein Höchstes, das mit nichts den Vergleich zu scheuen brauchte.

Und die durch lange Nacht verhüllte Sonne jener hohen Kunst, sie bricht noch einmal durch: Die gelehrte Forschung der Jahre 1811 und 1901 hat sie wieder aus ihren Wolken gelockt.

ABBILDUNG: AIGINA. GIEBELFIGUREN VOM APHAIA-TEMPEL. Kopf des Herakles vom Ostgiebel.

Kaum ist das Schiff am Vorgebirge Sunion vorbeigefahren, auf dem als ein fernschimmerndes Wahrzeichen des attischen Landes die weißen Säulen des Athenetempels stehn – und eine neue Welt in reicher Formenfülle öffnet sich vor unsern Blicken.
Zwei parallele Gebirgsketten des Festlandes setzen sich in gleicher Richtung im Meere fort und bilden eine doppelte langgestreckte Inselreihe. Euböa, selbst ein losgerissenes Küstengebirge des mittleren Griechenlandes, wird durch Andros, Tinos, Mykonos fortgesetzt; die überfluteten Täler werden zu trennenden Meeresstraßen. Attikas Gebirge dagegen tauchen in den Inseln Keos, Kythnos, Seriphos, Siphnos wieder auf, während ein östlich abzweigender Gebirgsarm Syros, Paros und Naxos bildet.
Ein erhabner Anblick, wenn man dies Meer durchschifft! So weit das Auge reicht, ragen hohe Bergformen scharf und edel gezeichnet in unvergleichlicher Formenfülle über den Meeresspiegel hervor und treten zu immer wechselnden Gruppen zusammen; duftiger Farbenschimmer liegt bei jedem Stande der Sonne über Meer und Küste ausgegossen; Schiffe und offene Barken eilen friedlich von Insel zu Insel, von menschenfreundlichen Delphinen begleitet; an jedem Tage, bei jedem Winde ist gastlicher Hafen dich aufzunehmen bereit; ohne Karte und Kompaß steuert der Schiffer, und wo er anlegt, rufen ihm bekannte Stimmen entgegen; jede Insel trägt die Fußstapfen ihrer Götter und Helden, die alten Gesänge tauchen auf in deiner Seele, Homer wird dir lebendig, und des Odysseus Abenteuer vernimmst du mit feuriger Seele, wenn die Woge desselben Meeres, das er durchirrte, um den Kiel deines Schiffes aufrauscht.
Doch täusche man sich nicht: es sind keine Eilande mit lieblich grünem Ufersaume; keine Hochwälder mit eingestreuten Dörfern winken von den Bergen. Die Höhen der Kykladen sind seit undenklicher Zeit entwaldet, Regengüsse haben die haltlose Erde hinabgespült, der nimmermüde Wellenschlag jedes Vorland fortgerissen; so starren uns wie verzaubert jene kahlen Felsberge an, welche schon Platon dem Gerippe eines abgezehrten Körpers vergleicht.
Eine leichte Barke bringt uns in den Hafen der Stadt, den sichelförmig der alte Molo einschließt und von Osten eine kleine Felsinsel schützt, von welcher das hohe Marmortor eines Bacchustempels weit in die See hinausglänzt.
Nicht immer lagen die Inseln so in friedlicher Ordnung beieinander. Die vielfach zerrissenen und durchbrochenen Landformen, Bilder eines gewaltsamen Werdens, gaben schon den Alten Zeugnis von den wilden Gärungen und Bewegungen der Natur, welche allem geschichtlichen Leben vorangegangen sein müßten. Ihre Sagen melden, wie diese Inseln vom

ABBILDUNG: AIGINA. GIEBELFIGUREN VOM APHAIA-TEMPEL. Dargestellt sind Kämpfe der Vorfahren der Aigineten vor Troja. – Oben: Sterbender Krieger vom Ostgiebel. – Unten: Verwundeter Krieger vom Westgiebel. Glyptothek München.

Festlande losgerissen, jene voneinander getrennt und in zahllose Klippen und Felsenriffe zersplittert worden seien durch den Dreizack des erderschütternden Meergottes, schwimmende Eilande wurden von Götterhänden befestigt, andre im Titanenkampfe von Göttern gegen Götter geschleudert, Feuerberge stiegen aus dem kreißenden Schoße des Meeres, das auch in geschichtlicher Zeit nicht aufgehört hat, Inseln zu gebären. Vor allem aber meldeten die priesterlichen Sagen des Ägäischen Meeres von jener langen Regennacht, die einst alles Inselland in Wasser begraben habe, wie vom östlichen bis zum westlichen Strande einst ein breites, hafenloses Meer geflutet habe. Aber die Fluten sanken, empor stiegen die Töchter des Meeres, Delos als die erstgeborene, die nach altem Dichterworte lange zitternd vor Bangigkeit unter den Wellen verborgen lag; dann hoben die andern Schwestern nacheinander die Häupter empor und begrüßten sich im neuen Sonnenlichte; da wurde auch die schönste Gruppe frei, das Inselpaar Naxos und Paros. Paros' edele schlanke Formen scheinen schon aus der Ferne den köstlichen Inhalt seiner Berge zu bezeugen. Welch eine Welt von Tempeln und Bildwerken ist aus ihrem Schoße hervorgegangen, und heute noch glänzen ihre unterirdischen Höhlengänge bei Fackellichte wie die Festsäle eines weitverzweigten Feenpalastes; Paros ist reich an Quellen und geräumigen Häfen. Naxos aber ist die größere und mächtigere Nachbarin; nach allen Seiten abgerundet, ohne tiefere Einschnitte steigt sie in massenhafter Erhebung aus dem Meere und hebt ihren breiten Gipfelberg stolz über alle Kykladen. Durch Umfang und Festigkeit zum Haupte der Schwesterinseln bestimmt, ist sie durch mannigfaltigen Segen der Natur nicht minder ausgezeichnet. Klein-Sizilien hieß sie bei den Alten wegen der Fülle an Korn, Wein und Öl, auch heute noch ist Naxos ein Paradies im Vergleiche mit den umliegenden Inseln. Seine Gärten blühen in morgenländischer Pracht, voll von Zedern, Granatbäumen, Mandeln, Orangen und allen edlen Früchten, welche die Naxioten bei Südwind brechen, in ihre Schiffe laden und in rascher Fahrt nach Konstantinopel bringen, um der Reichen Tische damit zu schmücken. Immer grün sind die edlen Waldungen, die der Herbst mit mildem Regen anfrischt, und ehe man des Winters gewahr wird, verkünden die Orangendüfte, welche die Luft erfüllen, und die bunten Anemonen, die den Boden färben, daß der Frühling wieder da sei, und die Bienen schwärmen wieder um die mit duftigen Kräutern dicht bewachsenen Höhen. Reichen Fischfang gibt das Meer, die Berge hegen trefflichen Marmor, an der Südküste beutet man die einträglichen Schmirgelbrüche aus, vor allem aber ist Naxos durch seinen köstlichen Wein berühmt, dessen schönste Gattung, der aperanthische Wein, hell wie Wasser der Quelle, aber voll Feuer und Geist, mit Recht noch heute den Namen des Nektars führt. Auf dem über 3000 Fuß hohen Berge Zia, in der Mitte von Naxos, sieht man zweiundzwanzig Inseln zu seinen Füßen liegen und in der östlichen Ferne die Bergmassen Asiens in blassen Linien aufsteigen.

Die Tochter des Königs Minos von Kreta, Ariadne, führt uns zuerst nach Naxos, wo sie, wie die älteren Dichter singen, dem goldlockigen Gotte Dionysos als unsterbliche Braut angetraut wurde. Ihre Liebesabenteuer mit dem Theseus sind die späteren Erfindungen der Dichter Athens, welche in dem übermütigen Bewußtsein ihrer geistigen Überlegenheit alles Strahlende in den Kreis ihrer heimischen Sage hineinzuziehen wußten und selbst dem mächtigen Gotte ihren Landeshelden als den zuerst Begünstigten voranzustellen wagten. Die bildende Kunst dagegen, welche uns in größerer Ursprünglichkeit die Sagen darstellt, hat auch hier den religiösen Charakter fester gehalten; Theseus tritt zurück vor dem übermächtigen Nebenbuhler, und Ariadne erscheint auf unzähligen Denkmälern als die selige Braut des Dionysos, und als Schauplatz der Feier das glückliche Naxos.

Wie die asiatischen Ionier sich um den Tempel des Poseidon, welcher auf dem Vorgebirge Mykale erbaut wurde, als Stammbrüder vereinigten, so trat unter den Inseln als der religiöse Mittelpunkt Delos hervor. Das ist eine Eigentümlichkeit des hellenischen Geistes, welche zugleich unserer christlichen Anschauung nahe verwandt ist, daß er es liebt, das natürlich Kleine und Unansehnliche groß und bedeutsam zu machen. So ist es diese dürftige, wüste Felsklippe, die kleinste und niedrigste der bewohnbaren Inseln, auf welcher Latona unter dem Dache einer Palme ihre göttlichen Zwillingskinder gebar. Dadurch ward Delos die heilige Insel, ein auf dem Meeresboden gegründeter Altar des Apollon, stets von Weihrauch und Hymnen umgeben, zu dem aus fernem Norden die Hekatomben jährlicher Festgaben dargebracht wurden, und in jedem fünften Jahre war dort das große Frühlingsfest, zu welchem die Verehrer des Apollon von allen ionischen Küsten mit Frauen und Kindern wallfahrteten. Dem Delischen Apollon kam der Zehnte zu von allem Ertrage der Inseln, und als die Sipheier einst dies versäumt hatten, trat die Meeresflut in die Gruben ihrer Kupfer- und Goldbergwerke, und der Wohlstand der Insel war vernichtet durch den Zorn des vernachlässigten Gottes. Nun schien es dem frommen Auge der Griechen, als ob um das kleine Felseiland alle die hohen, stolzen Inseln zur Huldigung und zum Festreigen sich versammelten, und nannten sie, seit sie ihren Mittelpunkt gefunden hatten, die Kreisinseln oder Kykladen. Wie es zwölf ionische Städte gab am Korinthischen Golf, und ebenso viel Bundesstädte in Attika und später in Kleinasien, so blieben auch auf dem Meere die Ionier ihrer heiligen Zwölfzahl getreu, und daher stammt der in mündlicher Überlieferung bis in die neuere Zeit forterhaltene Gruppenname Dodekanesos, die Zwölfinsel.

LUDWIG ROSS · DELOS

Delos ist eine völlig wüste Insel, ein großes, trauriges Trümmermeer. Es hat kaum eine einzige pittoreske Ruine; alles liegt in kleinen Scherben und Splittern übereinander, so schrecklich hat die zerstörende Hand des Menschen hier gewütet. Die Reste des herrlichen Apollotempels liegen am Boden, zerschellt und zerhackt; was die Pfaffen auf Tenos davon für ihren modernen Orakeltempel haben gebrauchen können, das haben sie fortgeschleppt. Ganze Schiffsladungen von Marmor und Säulen sind schon vor Jahrhunderten nach Venedig und Konstantinopel gebracht worden. Sic transit gloria mundi. Nicht einmal ein Palmbaum ist auf Delos geblieben, um an die Geburtsstätte des Fernhintreffers Apollon und der jagdfrohen Artemis zu erinnern.

THUKYDIDES · DIE ATHENER AUF DELOS

In diesem Winter (426 v. Chr.) reinigten die Athener auch Delos, einem gewissen Orakel zufolge. Schon früher hatte sie der Tyrann Peisistratos einmal gereinigt, aber nicht ganz, sondern nur so viel, als man vom Tempel aus von der Insel übersehen konnte. – Damals feierten auch die Athener, nachdem die Reinigung vollbracht war, zum ersten Male das alle fünf Jahre wiederkehrende Delische Fest. Schon in alten Zeiten fand große Zusammenkunft der Ionier und benachbarten Inselbewohner auf Delos statt. Denn sie unternahmen mit Weibern und Kindern den Festzug dorthin, wie die Ionier jetzt zu den Ephesiern, und es war daselbst Wettkampf in Gymnastik und Musenkunst, und die Städte führten Chöre auf. Daß aber dies so war, bezeugt vorzüglich Homer in diesen Versen, die aus dem Hymnos auf Apollon sind:

Aber an Delos erfreust du das Herz, o Phöbos, am meisten...

Daß auch Wettkampf in Musenkunst stattfand, und daß Wettkämpfende hinkamen, zeigt er in diesen Versen, die aus demselben Hymnos sind:

Aber wohlan, sei mir samt Artemis gnädig, Apollon...

Solche Beweise liefert Homer davon, daß schon ehemals große Zusammenkunft und Fest auf Delos stattfand. In der Folge sandten die Inselbewohner und die Athener Chöre mit Opfer hin. Die Wettkämpfe aber, und die meisten übrigen Dinge, waren wahrscheinlich durch Zufälle eingegangen, bis die Athener damals den Wettkampf und Pferderennen, was vorher nicht statt fand, anordneten.

THEOGNIS VON MEGARA · DIE GEBURT DES APOLLON

Als dich, Herrscher Apoll, dort unter dem wipfelnden Palmbaum,
Den sie mit Armen umschlang, Leto, die Hehre, gebar,
Dort am Auge des Sees, dich aller Unsterblichen Schönsten,
Ward von ambrosischem Duft Delos geheiligtes Rund
Bis an die Ufer erfüllt, und es lachten umher die Gefilde
Und es erglänzte vor Lust blauer die Tiefe des Meers.

Deutsch von Geibel

ABBILDUNG: Oben: NAXOS, an der Einfahrt zur ehemaligen und heutigen Haupstadt der gleichnamigen Insel; auf der kleinen, vorgelagerten Felsinsel Palati der Rest der antiken Tür des Dionysostempels. – Unten: DELOS (neugriechisch Mikra Dhilos), Apollon-Heiligtum.

Folgende Seiten: DELOS, Blick von Kynthos auf Stadt und Hafen. – Rechts: Einer der Löwen vom Heiligen Weg. Naxischer Marmor, 6. Jahrhundert v. Chr.

JOHANN JACOB BACHOFEN · KORINTH

Wenn ich deiner Herrlichkeit gedenke, wie wunderbar wird mir da zu Mut! ... Was die Seele so fesselt, ist die Fülle der Pracht, die Gott um dich angehäuft, und die Erinnerung einer großen Vorzeit, mit der dein Name sich verbindet. Denn diese doppelte Krone schmücket deine glänzende Stirne, leiht deinem Alter den Zauber ewiger Jugend und schmückt die Armut deiner Hütten mit dem Reichtum längst verschwundener Zeiten. Das ist der Vorzug der unsterblichen Seele, die in uns lebt, daß sie aus dem Moder des Alters die geliebten Züge der Jugend wieder hervorzaubern und in dem Wechsel der Erscheinung das ewig Unwandelbare festhalten kann. Wer möchte sonst die Länder der alten Welt durchziehn oder mühsam die wenigen Reste ihrer verschwundenen Größe aufsuchen? Von Megara bis Korinth stößt zwar unser Fuß noch an manche Spuren des Altertums. Aber weder die Reste der isthmischen Mauern und Theateranlagen, noch die sechs Säulen des schweren dorischen Stils, die allein von Corinthus' alter Pracht erhalten sind, können der Mühe lohnen oder irgendwelche Frucht bringen. Und selbst sie werden wohl bald verschwinden. Was aber auch dann immer noch bleibt, ist das Bild der Schöpfung, das nirgends größeren Wechsel der Verhängnisse und Schicksale gesehen hat als hier. Denn das ist die Fügung des Geschicks, daß da, wo die Natur in ihrem schönsten Schmucke prangt, auch zugleich die größten Verheerungen über sie hinweggehen. Und wo ließe sich in ganz Hellas irgend etwas mit Korinth vergleichen? Man sieht es noch jetzt dem Orte an, daß die Stadt, die dort gestanden, fähig gewesen wäre, gleich Rom oder Karthago das Gewicht der Weltherrschaft zu tragen... Die Hitze des Tages war vorüber und der Kühlung gewichen, die vom Korinthischen Meere her frisch über den niedern Felsrücken des Isthmus dahinstrich. Welcher Augenblick, als zuerst die runde Kuppel der mächtigen Akrokorinth mit den Wällen, die ihren Scheitel umziehn, in dem Gold der letzten Sonnenstrahlen unserm Auge erschienen. Die bloße Erinnerung daran kann, für eine Weile wenigstens, die düstersten Augenblicke erhellen. Von allen Bildern, mit welchen Griechenland mein Inneres bereichert, ist dies das größte. Auf dem Höhenpunkte des Isthmus angelangt, hielten die Pferde, wie von selbst, eine Weile inne. Da eröffnet sich nach rechts und links der Blick über beide Meere, das Korinthische und das Saronische, und vor uns steht, sich allmählich aus dem Erdboden erhebend, auf breiter grüner Grundlage, ein Bild der Kraft und Schönheit, die Kuppelform jenes mächtigen Berges, an dessen unterstem Abhang sich das Städtchen nach dem Meere hin ausdehnt. Wie ein gewaltiger Riese lagert er sich hier

---

ABBILDUNG: KORINTH. Der APOLLON-TEMPEL, ein dorischer Peripteros, von dem noch sieben 7,2 m hohe Säulen aus porösem Kalkstein stehen; die gedrungene Form der monolithen, mit 20 Kanneluren versehenen Säulen läßt darauf schließen, daß der Tempel schon in der ersten Hälfte des 6. Jahrhunderts gebaut wurde. – Unten: NEMEA, ZEUSTEMPEL, dorisch, um die Mitte des 4. Jahrhunderts.

---

am Eingang des Landes, schützt und schirmt es gegen jeden Angriff und spottet für sich jeglicher Gefahr. – So groß ist der Anblick, daß man es begreift, wie der erste Gedanke des wiedererstehenden Volkes darauf sich richten konnte, hier, im Mittelpunkte des neuen Königreichs, Nord und Süd, Ost und West gleich nahe und gleich zugänglich, an einer der himmlischsten Lagen, die die Erde bieten kann, an Corinthus' Stelle die neue Hauptstadt des Landes erstehen zu lassen. Wenn nachher dennoch Athen den Vorzug erhielt, so lag darin eine Huldigung, die der Herrlichkeit des Geistes doch vorzugsweise vor jener der Lage und der äußern Natur gebührt. Denn in dem Höchsten, was die Welt erzeugen kann, in den Werken des Geistes, steht Korinth unendlich hinter dem glänzendern Gestirn Athens, ja sogar mancher kleiner Orte, zurück, und in der ganzen Zeit seiner Republik seit Periander, Kypselos' Sohn, wissen wir von keinem geistreichen Manne, Schriftsteller, Redner oder Staatsmann, den es hervorgebracht hätte. Die Richtung, die es genommen, war eine ganz andere, und ist von seinem ersten Auftreten bis zu seinem Verschwinden eigentlich immer dieselbe geblieben. Es war die eines durch künstlerische Ausbildung geleiteten und veredelten Gewerbefleißes.
Hier war jene Vasenmalerei heimisch, die Demarat in Etrurien einbürgerte, als er, unmutig über Kypselos' Herrschaft, in Tarquinii ein neues Vaterland gefunden. Ebenso blühte in allen andern Zweigen Korinths Kunstfertigkeit. Berühmt waren seine Bronzearbeiten, und die eigentümliche Metallmischung, welche das Altertum als korinthisches Erz kannte, ist nichts als Bronze, von der man erzählte, sie sei bei dem einstmaligen Brande der Stadt zufällig entstanden. Lange Zeit hindurch waren Korinths Fabriken über die ganze Ausdehnung der Alten Welt nicht weniger berühmt, als es heutzutage die englischen sind. So sammelten sich von früher Zeit her in seinen Mauern mehr Reichtümer als irgendwo sonst in Hellas. Korinth ist einer der ersten Orte, die in Griechenland durch Handel groß geworden. Die Vortrefflichkeit seiner Lage erhob es zu einem der Stapelplätze des alten Weltverkehrs. Denn es ist nicht nur gleich Patras eine der Hauptmündungen des innern Peloponneses, sondern zugleich durch die zwei Hafenstädte, die es besaß, Lechaeon am Korinthischen, Kenorheae am Saronischen Meere, die natürliche Verbindung von Ost und West. Man zog es vor, hier die Waren umzuladen und zu Wagen über die schmale Landenge zu bringen, statt zu Schiff die weite und gefährliche Fahrt um die Südspitze des Peloponneses zu wagen. In dieser Linie ging aller Handel aus den italischen Seestädten nach Kleinasien, bis späterhin insbesondere Alexandrias Gründung die Richtung nach Ägypten und Syrien in Aufnahme brachte. Also durch Handel und kunstfertige Tätigkeit jeder Art errang sich Korinth die erste Stelle unter Griechenlands reichen und glänzenden Städten, und es scheint, als habe die Zeit der makedonischen Herrschaft und die des Achäischen Bundes, an dessen Spitze Korinth stand, die größte Blüte der Stadt gesehn.

JOHANN JACOB BACHOFEN · NEMEA

Wir standen schon vor der kleinen, ziemlich quadratförmigen Erderhöhung, die einst – schon die Griechen aus den Perserkriegen nannten es vor Zeiten – das reiche, mächtige Kleone trug, bei Homer der golddurchblinkten Mykene Nebenbuhlerin. Und jetzt?

> Weder geweidete Flur, noch geackerte, breitet sich irgend,
> Sondern ohn' Anpflanzer und Ackerer immer und ewig
> Wildert sie menschenleer, nur meckernde Ziegen ernährend.

Darf ich für Kleone nicht ein paar Verse Homers anführen? Gehört sie doch gerade jener homerischen Welt, der wir entgegengehen und die in der Ebene von Argos uns beinahe so lebendig entgegentreten wird als wie ein Volk von Zeitgenossen. Wenn solchen Stellen alle Bevölkerung und alle Bewegung fehlt, so soll man, statt darüber zu jammern, sich dessen freuen. Dann stört nichts das Bild alter Zeit. Wer die Vergangenheit und jene Menschen kennen will, muß ja stets die Gegenwart vergessen. Und das Stillschweigen der Lebenden ist die schönste Huldigung, die den Toten dargebracht werden kann.

Eine kleine, von mäßigen Anhöhen umgebene Ebene umschließt von allen Seiten den Hügel der Stadt. Ob Nachgrabungen zu Entdeckungen führen würden, weiß ich nicht. Gewiß ist, daß außer geringen Resten quadratförmigen Mauerwerks nichts Altes zutage liegt. Und doch glaube ich heute noch, Kleone in seiner ganzen Herrlichkeit gesehen zu haben. So lebensvoll und unvergänglich ist alles, was Homer besungen hat. Und wieviel ist denn von Nemea erhalten, das wir wenige Stunden später in heißer Mittagszeit erreichten? In dem Tale, wo um des Nemeischen Jupiter Tempel herum das versammelte Hellas sein schönstes Fest und die herrlichsten Spiele feierte, wo auch einmal im Peloponnesischen Kriege ein Heer versammelt war, das Thukydides das schönste nennt, welches je von Hellenen zusammengebracht worden, da stehen jetzt noch, um wenigstens die Lokalität außer Zweifel zu setzen, drei gewaltige Säulen und um sie aufgehäuft die Bruchstücke anderer, welche die Zeit zertrümmert. Und doch haben wenige Lokalitäten in ganz Griechenland einen ausgeprägtern Charakter als Nemea. Als hätte dieses Tal von der Natur selbst die Bestimmung erhalten, die ihm das Volk nachher gegeben, so bringt es, zusammen mit den Hügeln, welche es rings umschließen, ganz von selbst die Gestalt eines vollkommenen, ringsherum geschlossenen Amphitheaters hervor. Großen Terrassen ähnlich steigen die Hügel und Bergreihen übereinander hervor. Wie einsame Denksäulen auf einem verfallenen Gottesacker, sie selbst schon dahinsinkend aus Mangel an Pflege, weil die sie errichtet, auch nicht mehr sind: so ragen die drei Säulen gräulichen Gesteins aus der Mitte des Talgrundes düster empor. Über zwei derselben hat sich ein Stück des schweren Architraves bis heute erhalten. Grasbewachsen und zur Schaftrift prächtig geeignet sind die Gründe und Höhen rings umher. Aber schon hat der Hirte diese Niederungen verlassen und seine Herden auf die höheren Alpen des innern Landes zur Sömmerung getrieben. So fehlt dem stillen Bilde jenes Leben, und die Phantasie hat für ihr freistes Spiel keinerlei Unterbrechung, keinerlei

Störung zu befürchten. Und doch war damals jeder kühnere Flug des Geistes unmöglich. Hat doch auch Herakles' hohe Kraft, deren Erinnerung auf ewig an dies Tal geknüpft sein wird, jedes Ungetüm der Menschen- und Tierwelt besiegt, nicht aber den tausendköpfigen Hunger, der über alle Sterblichen, «die die Frucht der Demeter genießen», und über das Herrlichste, was der Geist empfangen mag, ewig sein Recht behalten wird. Mühevoll und lange dauernd war die Reise gewesen, dem Mark in den Knochen verderblich der Übergang über die rauhen Felsberge, die Kleone und Nemea trennen, heiß hatte die Sonne Haupt und Glieder beschienen, und noch unbarmherziger brannte sie eben jetzt in senkrechten Strahlen vom Himmel herunter, und kein Auge vermochte die Hütte des Hirten zu entdecken, der sonst während seiner Anwesenheit mit Käse und Milch, ja oft mit Wein und Feigen gerne aushalf.

PINDAR · AUS DER ZWEITEN NEMEISCHEN ODE

Woher auch die Homerischen
Rhapsoden den Anbeginn sich nehmen,
«Vater Zeus» präludierend – holet dieser sich gleichfalls
von des Nemeischen Vaters Zeus oftumsungnem geweihtem Hain,
aus allheiligen Spielen
herrlichen Siegruhms erste Begründung.

Deutsch von Johannes Tycho Mommsen

ABBILDUNG: KOPF EINES JÜNGLINGS, Bronze in ungewöhnlich guter Erhaltung; es fehlen die in Glasfluß eingesetzten Augen. Fundort unbekannt, dorisch, um 460. Antiquarium, Berlin.

Um uns herum ist alles so still und verlassen, so feierlich ruhig, wie ein Schlachtfeld in der Nacht nach dem Ende des Gemordes – und doch scheint es uns, als bewege sich alles voll Leben und Kraft, als schritten hohe, prächtige Gestalten, «wie damals die Sterblichen waren», zwischen Mykenai, Tirynth und Argos einher, so daß man in Augenblicken der Besinnung sich fragen möchte, wohin sie denn nun alle so plötzlich verschwunden sind.
Der Besuch klassischer Länder ist eine wahre Totenschau. Man setzt mit Odysseus über den Okeanos, um mit ihm auf der Asphodeloswiese alle die Schatten großer Toten, die dort seit Jahrtausenden unsichtbar auf- und abwandeln, für einen Augenblick zum Leben zurückzurufen und aus ihrem eigenen Munde zu vernehmen, daß sie gelebt, was sie gelitten und wie sie gefallen. Und siehe da, erst kommen die Gebilde zartgeschaffener Frauen, «aller, die edeler Helden Gemahlinnen waren und Töchter», einzeln und jede besonders, Helena erst und dann Klytemnestra; Priamos' Tochter, dann Kassandra, die jene über ihrem Gemahle erdrosselt – hinter ihnen in weiter Entfernung Agamemnon, der Herrscher des Volks und der Buhle Aigistos. Ist hier nicht das große Verhängnis, dem das alte Reich erlag, sichtbar vor unsern Augen? Willst du nicht dem Agamemnon sagen, wie Odysseus:

> Wehe, wie sehr hat Atreus' Geschlecht Zeus waltende Vorsicht
> Fürchterlich heimgesucht, durch unheilbrütende Weiber,
> Seit dem Beginn! Erst sanken der Helena wegen so viele!
> Und dir ward, dem Entfernten, zur Meuchlerin Klytemnestra!

Das sind die Gestalten, mit denen man hier verkehrt. Sie sind uns eine gute Strecke entgegengekommen. Wir geleiten sie nun zu ihrer Wohnung zurück, zu der golddurchblinkten Mykene, werden mit ihnen durch das Löwentor zur Burg hinaufwandern und sie dann in ihren herrlichen Grabgewölben wieder zur Ruhe bringen. Mit der Pracht und Herrlichkeit der Bilder, welche die Erinnerung der Vergangenheit in uns hervorruft, steht das, was Gegenwart und Umgebung bieten, in dem schroffsten Gegensatz. So tritt die Größe der

---

ABBILDUNG: MYKENAI in Argos, der nach Homer «wohlgebaute» und «goldreiche» Sitz des Agamemnon, nach der Sage von Perseus gebaut, durch die Ausgrabungen Schliemanns (1876/77) als ein Hauptsitz der sogenannten kretisch-mykenischen Kultur erforscht. Oben: Blick über die Terrassen der Burg mit dem Plattenring um die sogenannten Königsgräber (von Schliemann ausgegraben, wobei 17 Leichen und der reiche Goldschatz, der jetzt in Athen ist, gefunden wurden), zuerst für die von Pausanias erwähnten Gräber von Agamemnon und den Seinen gehalten, aber vielleicht mehr als 400 Jahre älter. – Unten: DAS LÖWENTOR steht am Ende eines 10 m breiten, 15 m langen Torwegs an der NW-Ecke der Burg; die Toröffnung ist 3,25 m hoch und gedeckt mit einem 5 m langen und 2,5 × 1 m dicken Monolithen, darüber eine 3 m hohe Relief-Platte in bräunlichgrauem Kalkstein mit den Löwenreliefs.

---

einen, die Armut der andern nur noch greller hervor. Alles Verhältnis der Dinge scheint umgekehrt. Das Tote ist voll Leben, und was leben sollte, dem Tode ähnlich.
Versteckt und wie der Löwe in sicherm Hinterhalt, so ruht Mykenai auf einem hohen Felshügel, der sich mit seinem schmalern Ende keilförmig zwischen zwei gewaltige Bergmassen hineinlegt. Hochansteigend und drohend überragen die beiden Gipfel Stadt und Burg.
Mykenai hat nur zwei Zugänge, eine Nebenpforte auf der nördlichen Längenseite und das größere Löwentor, welches in den Zwischenraum der ersten und zweiten Umfassungsmauer hineinführt. Auch dieser Zugang ist auf das sorgfältigste geschützt... So liegt nun das Tor am Ende eines langen und tiefen Ganges, der wohl mehr als irgendein anderer Teil der Festung den Begriff zyklopischer Kraft, Kunstfertigkeit und Unverwüstlichkeit lebendig erregt. Auch ist das Mauerwerk nirgends sonst so regelmäßig und kunstvoll gefügt wie hier. Vollkommen horizontale Schichtung der quadratförmig behauenen Werksteine bildet hier die Regel. Ich weiß nicht, warum der Eindruck verlassener Städte gerade beim Anblick ihrer Tore so ganz überwältigend wird. Aber ich habe es auch sonst noch erfahren. Einen Augenblick ist es, als gingen die alten Gestalten hier noch aus und ein. Wozu wäre denn sonst noch das Tor geöffnet? Wozu und wessen das Wappenschild über dem Eingang? Die Säule, die daran emporgerichteten Löwen, die sich, ob auch ihre Köpfe fehlen, so ziemlich wie Schildhalter der neuern Heraldik ausnehmen und uns sogar nicht so antediluvianisch vorkommen wollen, sehen sie nicht auf Agamemnon herab, der eben in silberner Biga zur Burg emporgefahren, um dem Vater der Götter und Menschen nochmals auf heimischem Boden zu opfern? Wie stolz und ungebeugt sie dastehen!
Säule und Löwen sind als Hautrelief gearbeitet, heben sich jedoch von ihrer Unterlage so kräftig ab, daß man aus einiger Entfernung an völlig runder Skulptur nicht zweifelt. Der monumentale Charakter durfte dem Werke nicht fehlen, sollte es in Verbindung mit der gewaltigen Mauerarchitektur ringsum seine Wirkung nicht zum voraus verlieren. Er ist auch wirklich in vollstem Maße erreicht. Schön vereinigt sich die Figur des schlanken Dreiecks, welche die Skulptur ausfüllt, mit der Verjüngung des Tores, dessen Seitenpfosten sich nach oben beträchtlich gegeneinander zuneigen. Sonst gibt es wohl nicht viele Reste des Altertums, über welche die Zeit weniger vermocht hat als über dieses Relief. Die Härte des Steins hat jedem Einfluß des doch nicht gar zu milden Himmelsstrichs völlig getrotzt und die schwärzliche, dem Basalt ähnelnde Farbe jede Entstellung durch den Ruß der Zeit von vornherein unmöglich gemacht.
Wie sich ein Bettler, zerlumpt und darbend, unten am Aufgang zu der alten, prächtigen Königsburg in den Staub setzt, so liegt Krevata, ein Trümmerhaufen aus Lehm und Kot, der felsenähnlichen Mykene zu Füßen. Wie soll ich schildern, was ich nun in schneller Folge sah, die unterirdische Kuppel, die wohl über der Graburne eines der Atriden gewölbt worden ist, das gewaltige Mauerwerk, das mit den Felswänden, über die es sich

ABBILDUNG: MYKENAI, Aufgang durch das Löwentor zur Burg.

hinzieht, zusammengewachsen zu sein scheint, das Löwentor, die Trümmer der innern Burgbefestigung, die Pforten und kleinern Öffnungen der Mauer? Vieles blieb mir schon damals rätselhaft, und manches ist es mir seitdem noch mehr geworden. Denn es steht mit solchen sprachlosen Resten der ältesten Zeit wie mit dem Sehen im Finstern: Wer sich da zu sehr anstrengt, verliert am Ende ganz das Gesicht. Auch hat man kaum Zeit, an Ort und Stelle das Einzelne näher zu überlegen. Über der Anschauung schweigt alle Untersuchung und alle Kritik. Unsere ganze Seele geht auf in dem, was sie umgibt. Man lebt in der Sache selbst, wird eins mit ihr. Man steht mittendrin, nicht mehr außerhalb. Die greifbare Wirklichkeit hat etwas unendlich Überwältigendes. Man hört oft behaupten und denkt es wohl in unbewachten Augenblicken selbst, wozu doch die Reste der alten Welt besuchen, wozu sie sehen und mit eigenen Händen greifen; sind doch die Kenntnisse nur aus den Bruchstücken der alten Literatur zu schöpfen. Wer wollte nun diesen letzteren ihren hohen Wert streitig machen? Aber dennoch haben auch jene, wiewohl stumme Zeiten der Vorwelt, ihren ganz eigentümlichen Vorzug. Es ist ein Bekenntnis, das der Besonnenheit des menschlichen Geistes gerade nicht zur Ehre gereicht, daß man sich vor der Materie eher beugt als vor dem Geiste. Mauern und Toren können wir unsern Glauben nicht versagen, vor ihnen beugen wir uns, ihnen wissen wir Verstand und Herz sogleich zu unterwerfen; Schriftwerken versagen wir diese Unterwürfigkeit, erheben uns selbst höher als sie und lassen davon nur bestehn, was in das enge Gehäuse unseres eigenen Kopfes eingehen mag. Dort notwendig Diener, spielen wir hier gerne die Herren. Die Aneignung der Geschichte alter Zeit ist keine Verstandesoperation, denn «unser Wissen ist nichts, wir horchen allein dem Gerüchte». Darum ist die Anschauung hier besonders wirksam. Kombination und Kritik, auch wenn in richtigem Maße ausgeübt, führen langsam und auf Umwegen zum Ziele; die Anschauung bewirkt dasselbe mit einem Schlage. Jene wirkt auf dem Wege des Verstandes, diese spricht zur Einbildung; jene hält mühsam zusammen, wo diese schöpferisch das Ganze gleich ins Leben ruft; und während jene auf dem feinen Kanevas des menschlichen Witzes ein gar mattes und farbloses Gewebe spinnt, arbeitet diese auf fester Unterlage in den glänzenden unzerstörbaren Farben der alten Mosaike. Zwei sind der Tore, aus denen die Bilder alter Zeit hervorgehen, wie bei Homer zwei Pforten der Traumgesichte:

Diese aus Elfenbein und jene aus Horne gefertigt.
Welche nun gehn aus der Pforte geschliffenes Elfenbeines,
Solche täuschen den Geist durch wahrheitlose Verkündung;
Aber die aus des Hornes geglätteter Pforte herausgehn,
Wirklichkeit deuten sie an, wenn der Sterblichen einer sie schonet.

ABBILDUNG: Der Eingang zum sogenannten SCHATZHAUS DES ATREUS oder Grab des Agamemnon, einem unterirdischen Kuppelgrab aus dem 13. Jahrhundert v. Chr. unterhalb des Burgeingangs mit 5,4 m hoher Türe.

JOHANN JACOB BACHOFEN · DAS HIERON DES ASKLEPIOS UND DAS THEATER ZU EPIDAUROS

Zu den vielen Vorzügen, durch welche sich im Altertum das Land [die östliche Halbinsel des Peloponnes] auszeichnete, zu der Zahl und Größe seiner Städte, der Anmut seiner Lage, der Pracht seiner Berge, seiner Täler, seiner Buchten und Meere, zu der Mannigfaltigkeit seiner Völker und ihrer Fertigkeiten kam aber noch ein Ruhm ganz besonderer Art, dem das Land nicht nur weitverbreiteten Namen, sondern, was mehr ist, die Liebe und Verehrung Hellas', ja der ganzen alten Welt bis zum Verfall der heidnischen Religionen verdankte. Es enthielt das berühmteste aller Asklepieien der damaligen Zeit. Wollte man das Asklepieion der Alten mit einem Kur- und Badeort unserer Tage vergleichen, so würde die eine Hauptseite, und gerade die ehrwürdigste jener Anstalt, ohne Bezeichnung bleiben. . . . Jedes Asklepieion ist eine Kultstätte, ein heiliger Wallfahrtsort, an welchem Asklepios, der Gott, denen, die ihn recht verehren, Heilung und Befreiung von jedwedem körperlichen Leiden zuteil werden läßt. In dem Gebiet von Epidaurus ist der Gott geboren, und darum galt das epidaurische Heiligtum als das ehrwürdigste unter allen. Von hier war der gleiche Kult in andere Länder verbreitet worden, und wohin Epidaurus seine Schiffe und Kolonien sandte, dahin drang auch der Asklepiosdienst.
Hier liegt nun, nur nach West hin recht geöffnet, von frischen kühlenden Waldhöhen im Halbkreis umschlossen, ein lieblicher Talgrund, den Einsamkeit und die Ruhe eines stillen Verstecks recht eigentlich zum Eigentum des Heilgottes zu machen scheinen.
Das Heiligtum mit dem dazugehörenden geweihten Raume, also das Hieron im eigentlichen engsten Sinne, füllte die ganze Breite des Talraumes. In der Gestalt eines länglichen Viereckes legte es sich zwischen die äußersten Ausläufer der nördlichen und südlichen Waldhöhen hinein, so daß Süd und Nord samt der östlichen Längenseite von dem Halbrund des Gebirges ganz umschlossen sind. Der Lauf des Peribolos mit seinen langen geraden Linien ist am westlichen Ende noch wohl zu erkennen. Offenbar wurde dieser ganze Grund auf künstliche Weise geebnet. Jetzt ist aus dem Chaos aller dieser Mauerzüge und zerstreut herumliegenden Ruinen das Einzelne nicht mehr mit Sicherheit wiederherzustellen, und auch ein längerer Aufenthalt, als der meine war, würde ohne durchgeführte Nachgrabungen kein gesichertes Resultat liefern. Und doch prangte dieser Raum zu den Zeiten des Periegeten im Glanze der schönsten Anlagen, geschmückt von der Hand der größten Künstler und ausgestattet durch die freigebigsten Beiträge aus allen Teilen der bewohnten Welt. So muß es gleich den berühmtesten Nationalheiligtümern der Hellenen dem Ankömmling als ein ungeheures pracht- und kunstreiches Museum erschienen sein. Da lag erst der Tempel des Asklepios selbst, der Mittelpunkt des ganzen Heiligtums. Drin war noch zu Hadrians Zeit die Statue des Gottes aus Gold und Elfenbein wohlerhalten. An Pracht mit ihm wetteifernd wird der Thelos des Polykleitos genannt, ein marmorenes Gebäude, dessen Wände Pausias mit Malereien geziert hatte. Man will die kreisförmigen Grundmauern dieser Anlage gegen die Nordwestecke des heiligen Raumes aufgefunden haben. In der Mitte zwischen beiden ist der Ort zu suchen, wo die Kranken nach

ihrer Ankunft schliefen, um von dem nahen Gotte im Traum eine auf ihre Kur und Heilung bezügliche Offenbarung zu erhalten. Denn nur von dem Gotte selbst konnte das Verfahren eröffnet werden, und auch nur an dem Gläubigen mochte es seine volle Wirkung äußern. Die Priester selbst waren also Ärzte. Die Heilkunst erschien mit dem Orakel aufs engste verschwistert und eigentlich nichts andres als ein Zweig der Mantik.

Aus dem geweihten Raume war alle Unruhe, aller Lärm gebannt. Ebendeshalb waren auch Theater und Stadion von dem eigentlichen Hieron ausgeschlossen. Sie lagen beide dicht an der Grenze des Peribolos, doch außerhalb desselben. Diese beiden Gebäude sind die einzig erhaltenen des ganzen Asklepieions. Ja sie sind es, die den Ruhm des epidaurischen Hieron noch in unsern Tagen verkünden.

Das Theater gehört insbesondere zu den schönsten Resten alter Architektur. Vollendeteres ist mir in keinem Teile der alten Welt zu Gesicht gekommen. Was es uns so besonders empfiehlt, ist nicht nur seine Größe, in welcher es, wie Pausanias meldet, nur allein dem von Megalopolis in Arkadien nachstand – ist auch nicht die herrliche Vollendung aller einzelnen Teile, welche jeden aus seiner Stelle gerückten Stein als ein Kunstwerk für sich erscheinen läßt – ja ist auch nicht die vollkommene Vollendung der Verhältnisse des Ganzen, die wie eine Offenbarung ewiger unabänderlicher Gesetze vor unsere Augen tritt – es ist vielmehr die Vereinigung aller dieser Vorzüge, verbunden mit dem Zauber der herrlichen Waldumgebung, in deren Schatten der gegen Norden geöffnete Halbzirkel dieser Felsruine sich birgt. An der Natur bildete der griechische Geist seinen großen, einfachen Sinn, und mit ihren Schöpfungen brachte er die seinen in unauflösliche Verbindung. In der Harmonie, die beide zur Einheit verbindet, liegt der unaussprechliche Zauber einer altgriechischen Theateranlage.

Man steht inmitten eines der vollendetsten Werke griechischer Baukunst und nimmt doch gerade hier eines der lieblichsten Bilder griechischer Naturschönheiten in seine Seele auf. Verborgen ruht der mächtige Halbkreis in der Vertiefung schöner sanfter Waldhöhen, die ihn von drei Seiten umgeben und gerade in den heißen Stunden der Nachmittagszeit mit ihrem erfrischenden Schatten bedecken. Nach Norden hin ist der Kreis geöffnet. Dorthin richtet sich der Blick der mittlern Hauptmasse der Zuschauer. Er fällt über die Orchestra weg auf ein kleines Flüßchen, das in schmalem, aber tiefem Bette unmittelbar unter dem Nordende des Theaters von Nord nach West hinfließt. Jenseits desselben ruht er auf dem heiligen Tempelbezirk, auf den Wipfeln seines Haines, auf den Tempeln und Prachtanlagen, die ihn zieren. Und wenn ihm hier alles die Herrlichkeit hellenischer Kunst und hellenischen Kultus vergegenwärtigt hat, so findet er darüber hinaus wieder die schönen Waldhöhen, wie sie in sanften, schwellenden Linien sich übereinanderlagern und, wie eine schöne Flucht mächtiger Terrassen, bis zum Fuß der kahlen Höhen des strengen Arachne sich emporbauen. Zwischen viertausend und fünftausend Fuß über den Meeresspiegel erhaben, blickt diese hohe Warte wie ein gewaltiger Riese aus fremder Welt in die stille Freundlichkeit unsres verborgenen Talgrundes herab. Auf seiner obersten Spitze brannte einst das Feuersignal, das letzte in der ganzen Kette, die Ilions Fall von Asiens Gestaden nach der Burg der Atriden zu Mykene meldete.

Was ich von Einzelheiten bemerkte, bezieht sich vorzüglich auf die zweckmäßige, bequeme Einrichtung der Sitzflächen selbst. Jede derselben hat eine doppelte Abteilung. Sie zerfällt in zwei Hälften, wovon die vordere zum Sitzen dient, die hintere den Füßen der obern Menschenreihe aufbehalten ist. Vielleicht, daß die kleine Vertiefung der vordern Hälfte zur Aufnahme von Sitzkissen bestimmt war. Noch eine weitere Bequemlichkeit scheinen die kränklichen Kurgäste dem großen Baumeister verdankt zu haben, nämlich bequeme Rücklehnen, welche ihnen das Sitzen angenehm und das ganze Schauspiel genußreicher machen sollten. Denn nur die oberste Sitzreihe hatte Plätze mit festen, schön geschweiften und bequem ausgehöhlten Lehnen aus Marmor; in den übrigen waren Vorrichtungen angebracht, um für die Dauer der Vorstellungen bewegliche Lehnen einsetzen zu können. Denkt man sich den jetzt so verworrenen Schauplatz von all dem wuchernden Gesträuch gereinigt, geebnet die Orchestra, die Sessel alle in ihre alten Plätze zurückgebracht, den Marmor mit schönen Kissen purpurgefärbten Leders bedeckt, ringsherum zierlich geschweifte Rücklehnen eingesetzt, die Sitzstufen alle an ihren äußern Endpunkten, ebenso die Orchestra mit schönen Werken griechischer Skulptur geziert; dann in der Nähe die Zinnen der Tempel über die Wipfel der Bäume des heiligen Haines hervorschauend und zwischen dem Grün der höhern Wälder die blendenden Hallen und Tempel, dies alles im Festgepränge religiöser Tage und mehr als gewöhnlich belebt durch die herbeiströmende Menge der Einwohner des nahen Epidauros, vielleicht auch derer von Argos, von Troezen und Hermione; viele von ihnen um die kunstreichen Fontänen, andere in den kühlen Hallen, die Mehrzahl im Schatten des heiligen Haines gelagert, die Priester betend, opfernd, heilend und die kräftigsten Stücke des gesegneten Opferfleisches den Andächtigen verteilend, über allem dem den wunderbaren Glanz des Himmels, in dessen tiefe Bläue man hineinschaut wie in die Unendlichkeit des weiten, funkelnden Meeres, endlich die Sonne ihrer Heimat zueilend, wie ein Schiff nach langer Fahrt in den Hafen einläuft; denkt man sich das alles beisammen, so erscheint jener enge, stille, friedliche Talgrund plötzlich im Lichte einer Verklärung, die ihn dem Glanze der gefeiertsten hellenischen Festorte, dem von Delphi und Olympia, an die Seite stellt.

ABBILDUNG: KOPF DER HYGIEIA, aus Tegea (Arkadien), vielleicht von der Statue im Tempel der Athene Alea, die Pausanias zusammen mit den Statuen der Athena und des Asklepios als Werk des Skopas von Paros nennt. Um 380. Nationalmuseum, Athen.

DOPPELSEITE: DAS THEATER VON EPIDAUROS, am Hang des Kynortion in Argos, erbaut von Polyklet d. J. um die Mitte des 4. Jahrhunderts. Der Zuschauerraum umfaßt drei Reihen Ehrensitze und 52 gewöhnliche Sitzreihen, von einem Umgang unterbrochen, durch die aufsteigenden Treppen unten in 12 und oben in 22 keilförmige Ausschnitte geteilt. Die oberste Sitzreihe liegt 59 m weit von der Orchestra und 22,56 m höher als diese. Durchmesser der Orchestra 12,16 m. Der heilige Bezirk von Epidauros wurde 1881–87 durch Kavvadias freigelegt.

Am Rande tiefer Bergschluchten, in denen die Neda entspringt, steht auf dem Berge Cotylius in Arkadien der verfallene Tempel des Apollo Epicurius. Die jähe Tiefe, die er überragt, ist in den Windungen der Schluchten an Quellen mit Platanen, an Berghängen mit Eichwäldern bedeckt. Aus den dunklen, schattigen Abgründen erheben sich nackte, graue Felsrücken, über welche häufig Adler kreisen. Regenströme haben in der Zeiten Dauer tiefe Furchen diesen uralten Gebirgen eingegraben. Die Pfade verlieren sich in der Wildnis der Gebirgsgegend; vor Alter niedergestürzte Stämme und Gießbäche sperren den Zugang, überall stellen sich Schwierigkeiten und Beschwerden der Annäherung zu dem Tempel entgegen. Der steile Abhang des Cotylius bietet dem Wanderer nur einen Ruheort, die dem Gipfel nahe Beugung eines kleinen, abgesonderten Bergtals, welches das Ende der ansehnlichsten Schlucht des Berges ist und das Heiligtum mit seinen Nebengebäuden enthielt. Dieser Ort hieß in dorischer Mundart Bassä, die Schluchten. Hier in der wilden Umgebung von Felsengruppen und hohen Eichen überraschen noch jetzt die Gebilde vollendeter Kunst, die geregelten, zierlich gearbeiteten Säulen des Tempels. Selten wird die Stille hier oben unterbrochen; und geschieht es einmal, so ist es entweder die große Natur, die sich in mächtigen Lauten hören läßt, oder es ist ein aufgescheuchtes Wild oder das Rufen eines Schäfers, der seine Herde vorübertreibt. Die Einsamkeit vermehren selbst die Wolken, die manchmal, unterhalb des Tempels sich bildend, die Gegend in Dunkel hüllen, diesen Ort, dem sie allein den Schein der Sonne lassen, gleich einer Insel mit einem Nebelmeer umschließen und dem Auge den Anblick alles übrigen Landes entziehen, das sich ringsumher in die Ferne breitet. Denn der Tempel beherrscht nach allen Seiten weite romantische Aussichten, welche die Phantasie auf mannigfaltige Weise beschäftigen, indem selbst die Gegend durch heilige und geschichtliche Überlieferung und durch Dichtung lebt und zu uns spricht. Nur auf der Nordseite wird die Ferne von den höchsten Gipfeln des Cotylius verdeckt, wo ein Tempel der Aphrodite stand. Jenseits der tiefen Bergschluchten erstreckt sich im Halbkreise vor dem Tempel eine Kette von Bergen.

Als im Anfang des Peloponnesischen Krieges ganz Griechenland von der Pest schwer heimgesucht ward, da flehten die Phigaleer zum Apoll, er möchte sie vor der Seuche bewahren. Die Gottheit bezeugte sich ihnen gnädig, und die Landschaft, welche den Poesie durchhauchten Namen Arkadien trägt, blieb verschont von dem Übel. Aus Dankbarkeit beschlossen die Phigaleer dem Apollon Epikurios oder Helfer einen Tempel zu errichten.

An abgesonderte, erhabene Orte stellten die Griechen gern ihre vornehmsten Tempel, vorzüglich die der Schutzgötter; nicht allein weil sie über das Gewöhnliche ragen sollen, sondern weil hier die Natur der Kunst beitritt in der Wirkung auf das Gemüt, in Erhebung

---

ABBILDUNG: BASSAI, APOLLONTEMPEL, dem Apollon Epikurios geweiht, 1130 Meter hoch gelegen, nach Plänen von Iktinos im 5. Jahrhundert begonnen, um 400 v. Chr. vollendet.

---

des Geistes, in Erweckung der Idee des Göttlichen. Die feierliche Stimmung, in welche man sich versetzt fühlt, mochte oft durch unerklärliche Naturerscheinungen erhöht, in das Gefühl des Wunderbaren übergehen und konnte ein Volk, dessen Glaube sich an die sinnliche Natur knüpfte, anleiten, solche Orte für Wohnsitze der Götter zu nehmen; nach einer Sage waren die Giganten, die Söhne der Erde, der Gäa, von ihr selbst in himmelanstrebende Berge verwandelt, ja in mehreren Ländern wurden die höchsten Berge als die Gottheit enthaltend angebetet. Berggeister, Berggenien, Oreaden ließ eine spätere Zeit an ihrer Stelle umherschwärmen. Die Nähe der Wolken mußte vorzüglich zu diesem Glauben beitragen. Sie sind die den Horen vertrauten Tore des Olympus, die von selbst sich öffnen und schließen.

Die Gemeinschaft der Wolken und ihr ganzes wunderliches Treiben gibt der Gegend etwas Geheimnisvolles, Ahndungsreiches, welches auch schon in ihrer Bildung liegt, indem Höhe, Tiefe und Ferne diese Wirkung auf die Seele machen. Demnach eignete sich Bassä insonderheit zum Sitz des weissagenden Gottes, denn Klüfte, Schluchten und Quellenorte glaubten die Alten von seiner begeisternden Kraft erfüllt. Bedenkt man nun alle Vorzüge der Lage dieses Apollotempels, wobei die heiligen Örtlichkeiten, der Begriff des Ursitzes, der Mitte des Peloponnes in Betracht kommen, so kann man ihn in dieser Hinsicht nur mit dem von Delphi vergleichen. Ein freudiges Erstaunen, welches das erste Gefühl beim Anblick des Gebäudes ist, scheint auch durch die Wahl der Lage vom Künstler beabsichtigt und dieselbe Absicht in der architektonischen Anordnung durchgeführt zu sein. Er suchte diese Wirkung nicht durch extensive, mathematische Größe hervorzubringen. –

Nach dem Zeugnis des Pausanias wurde im Altertum dieses Werk des Iktinos unter allen Tempeln des Peloponnes, den der Minerva Alea zu Tagea ausgenommen, nicht nur wegen der Schönheit des Materials, sondern wegen der Harmonie des Baues für den vorzüglichsten erklärt. Unverkennbar ging das Streben des Künstlers dahin, zur völligen Eintracht des Ganzen, in dem Bau des Apollotempels höchste Anmut und Zierlichkeit mit jener Kraft und Großheit zu vermählen, welche die dorische, aus der Nacht der Urzeiten hervortretende Bauart vor allen auszeichnet. Größtenteils lieferte der Ort selbst das Material zum Bau. Es war ein bläulichweißer Kalkstein, dessen Schönheit und Härte den Anwurf entbehren ließ, den die griechischen Tempel gemeiniglich erhielten, wenn sie nicht von Marmor waren. Den festeren, grobkörnigen Marmor gebrauchte der Künstler nur zu den fein verzierten Teilen der Architektur. –

Wahrscheinlich schüttelten heftige Erdbeben in Jahrhunderten allmählich das Ganze zusammen, nachdem die Metallgier der Menschen den Tempel sowohl des Schmuckes beraubt als auch die Festigkeit, welche der Ewigkeit trotzen konnte, aufgelöst hatte; und in der malerischen Verteilung der Säulenstücke, welche der Reihe nach daliegen, sieht man noch die Bewegung des Sturzes. In diesem Zustande war der Ruin, den Dr. Chandler in seinem Reisewerk nach der Beschreibung des französischen Architekten Bocher im Jahre 1765 zuerst anzeigte, als im Sommer des Jahrs 1812 die Ausgrabung und Ausräumung der Trümmer unternommen wurde.

Wenn man nach Olympia kommt, sieht man den Alpheios dahinströmen, breit und anmutig, da auch andere, und zwar bedeutende Flüsse sich in denselben ergießen.
Vom Alpheios wird folgendes erzählt. Er sei ein Jägersmann gewesen und habe die Arethusa geliebt, die auch der Jagd ergeben war. Arethusa aber habe keine Lust gehabt, zu heiraten, und sei nach der Insel Ortygia bei Syrakus gefahren und dort in eine Quelle verwandelt worden; und so sei es geschehen, daß auch Alpheios aus Liebe ein Fluß geworden.
In betreff der Olympischen Spiele nun erzählen sich jene Eleer, welche der ältesten Nachrichten gedenken, Kronos habe zuerst die Herrschaft im Himmel gehabt und ihm sei von den damaligen Menschen, welche das goldene Geschlecht genannt wurden, zu Olympia ein Tempel erbaut worden. Nach der Geburt des Zeus aber habe Rhea die Aufsicht über das Kind den idäischen Daktylen, welche auch Kureten heißen, anvertraut. Diese seien aber vom kretischen Ida gekommen, nämlich Herakles, Paionaios und Epimedes, Jasos und Idas. Herakles nun, als welcher der älteste gewesen, habe beim Spiele seinen Brüdern einen Wettlauf vorgeschlagen und den Sieger unter ihnen mit dem Zweige eines wilden Ölbaums bekränzt: dieser wilde Ölbaum sei in solcher Menge dagewesen, daß sie sich die noch grünen Blätter zum Schlafen untergestreut hätten. Der wilde Ölbaum nun soll aus dem Lande der Hyperboreer von Herakles nach Hellas gebracht worden sein, dieses Volk aber jenseits des Windes Boreas wohnen.
Dem Herakles also, dem Idäischen, kommt der Ruhm zu, diese Kämpfe zuerst eingesetzt und ihnen den Namen Olympische gegeben zu haben. Er ordnete aber an, sie alle fünf Jahre zu feiern, weil er und seine Brüder ihrer fünf waren. Nach einigen soll Zeus dort selbst mit dem Kronos um die Herrschaft gekämpft, oder, wie andere wollen, nach dem Siege über die Titanen die Kampfspiele eingesetzt haben. Unter andern Göttern aber, die dort gesiegt hätten, soll auch Apollon den mit ihm wetteifernden Hermes im Laufe übertroffen und den Ares im Faustkampfe überwunden haben. Darum, erzählen sie, sei auch die pythische Flöte beim Tanze der Fünfkämpfer eingeführt worden, weil dem Apollon das Flötenspiel heilig gewesen und Apollon olympische Siege davongetragen habe.
Darauf, sagen sie, sei Klymenos, der Sohn des Kardis, ungefähr fünfzig Jahre nach der Flut, die zu Deukalions Zeit in Hellas eintrat, aus Kreta gekommen, ein Abkömmling des idäischen Herakles, habe die Olympischen Spiele angeordnet, habe den übrigen Kureten wie auch seinem Ahnherrn Herakles einen Altar gesetzt, dem Herakles aber den Zunamen des «Helfers» gegeben. Endymion nun, Aethlios' Sohn, beraubte den Klymenos der Herrschaft und setzte seinen Söhnen das Königreich als Kampfpreis eines Wettlaufs aus. Etwa ein Menschenalter nach Endymion aber feierte Pelops den Olympischen Zeus mit Kampfspielen preiswürdiger als alle vor ihm.
Seitdem die Olympiaden fortlaufend im Gedächtnisse geblieben sind, wurden zuerst Preise für den Wettlauf ausgesetzt, und Koroibos, der Eleer, siegte. Später, in der vierzehnten Olympiade, fügte man den Doppellauf hinzu. Hypenos aus Pisa gewann sich den Ölkranz im Doppellaufe. In der achtzehnten Olympiade gedachte man wieder des Fünfkampfes und

des Ringens. Und in der dreiundzwanzigsten Olympiade setzte man Preise für den Faustkampf aus. In der fünfundzwanzigsten Olympiade nahm man den Wettlauf mit ausgewachsenen Pferden auf. In der achten Olympiade darauf ließ man den Allkämpfer und das Rennpferd zu.

Was die Kämpfe der Knaben betrifft, so gingen sie nicht aus der Erinnerung an frühere Einrichtungen hervor, sondern die Eleer führten sie von selbst als etwas ihnen Gefälliges ein. Preise für Wettlaufen und Ringen wurden den Knaben in der siebenunddreißigsten Olympiade ausgesetzt. In der einundvierzigsten Olympiade rief man auch die Knaben zum Faustkampfe auf. Der Wettlauf der Schwerbewaffneten aber wurde erst in der fünfundsechzigsten Olympiade angenommen, und zwar, wie mir scheint, als Übung für den Krieg. Die gegenwärtige Ordnung der Kampfspiele, daß erst dem Zeus für die übrigen Kämpfe geopfert wird, und für den Fünfkampf und das Wettrennen der Wagen an einem anderen Tage – diese Ordnung ward in der siebenundsiebzigsten Olympiade festgesetzt. Vorher feierte man die Kämpfe der Männer und Pferde an einem und demselben Tage. Daher wurden auch damals die Streiter im Allkampfe bis zur Nacht hingehalten, denn sie konnten nicht eher gerufen werden.

Was die Geschäfte der Kampfanordner betrifft, so ist es damit nicht bei denselben Einrichtungen geblieben, die von alters her festgesetzt waren. In der fünfzigsten Olympiade wurde zwei aus dem ganzen eleischen Volke erwählten Männern die Anordnung der Kämpfe übertragen, und für lange Zeit blieb die Zahl von zwei Kampfordnern. In der fünfundzwanzigsten Olympiade nachher wurden neun Hellanodiken (Hellenenrichter) eingesetzt. Dreien von ihnen wurde der Wettlauf der Pferde übergeben, ebensovielen die Beaufsichtigung des Fünfkampfes, die übrigen hatten die andern Kämpfe zu besorgen. In der folgenden Olympiade wurde noch der zehnte als Preisverteiler (Athlothetes) hinzugefügt.

Vieles andere noch kann man in Hellas sehen und hören, was der Bewunderung wert ist, ganz besonders aber offenbart sich in der Feier der eleusinischen Feste und der Kampfspiele zu Olympia ein gotterfüllter Sinn. Der heilige Hain oder «Alsos» des Zeus heißt von alters her «Altis»; wie denn auch von Pindaros in einem Gesange auf einen olympischen Sieger dieser Ort Altis genannt wird. Der Tempel nun nebst der Bildsäule wurde dem Zeus errichtet von der Siegesbeute, als die Eleer Pisa und alle Umwohner, welche mit den Pisäern abgefallen waren, durch Waffengewalt bezwungen hatten. Daß Pheidias die Bildsäule gearbeitet habe, bezeugt auch die Inschrift, die unter den Füßen des Zeus geschrieben steht:

Pheidias, Charmides' Sohn, ein Athener, hat mich gebildet.

ABBILDUNG: DER ZEUSTEMPEL, erbaut im zweiten Viertel des 5. Jahrhunderts, 64 m lang, mit je 13 Säulen an den Längsseiten und 6 an den Breitseiten. Die Goldelfenbeinstatue des Zeus von Phidias gelangte in eine Privatsammlung in Byzanz und fiel dort einer Feuersbrunst zum Opfer. – Säulentrümmer des Tempels, wie sie von einem Erdbeben hingeworfen worden sind.

Der Tempel ist im dorischen Stile erbaut und von außen mit einer Säulenhalle umgeben; das Material ist der «Poros», ein inländischer Kalkstein. Der Baumeister war ein Eingeborener namens Libon. Die Dachbedeckung ist nicht von gebrannter Erde, sondern von Steinen, die nach Art der Ziegel aus pentelischem Marmor geschnitten sind. An jedem Ende des Daches ist eine übergoldete Vase aufgestellt; eine Nike steht ungefähr in der Mitte des Giebels und ist ebenfalls übergoldet; unter dem Bilde der Nike hängt ein goldener Schild, auf welchem die Gorgone Medusa abgebildet ist.

An dem Friese, der über den Säulen des Tempels zu Olympia außen herumläuft, befinden sich einundzwanzig übergoldete Schilde, welche der römische Feldherr Mummius weihte, als er die Achäer bezwungen, Korinth eingenommen und die Dorier dortselbst vertrieben hatte. Jetzt zu den Giebeln! Im Vordergiebel sieht man den Wagenkampf des Pelops und Oinomaos, der eben beginnen soll, und die Zurüstung von beiden Seiten zum Wettlaufe. Rechts von der Bildsäule des Zeus, die ungefähr in der Mitte des Giebels steht, erscheint Oinomaos, sich das Haupt mit einem Helme bedeckend, neben ihm sein Weib Sterope, eine von Atlas' Töchtern. Myrtilos aber, der dem Oinomaos den Wagen lenkte, sitzt vor den vier Rossen. Auf ihn folgen zwei Männer ohne Namen; sie waren wahrscheinlich ebenfalls von Oinomaos bestellt, die Pferde zu besorgen. Ganz am Ende ist der Kladkeos gelagert, der auch sonst bei den Eleern nach dem Alpheios vor allen Flüssen geehrt wird. Zur Linken des Zeus sieht man den Pelops und die Hippodameia, ferner den Wagenlenker des Pelops, die Rosse und zwei Männer, wahrscheinlich auch Besorger von Pelops' Rossen. Jetzt engt sich der Giebel wieder, und da ist der Alpheios gebildet. Der Mann, welcher dem Pelops die Rosse lenkt, heißt nach der Angabe der Troizenier Sphäros; der Ausleger in Olympia dagegen behauptete, Killas sei sein Name. Diese Gebilde nun im Vordergiebel sind von Päonios, der aus Mende in Thrakien gebürtig war; die in dem Hintergiebel dagegen sind von Alkamenes, einem Zeitgenossen des Pheidias, dem er auch in der Bildhauerkunst zunächst stand. Von ihm nun stammt die Darstellung des Kampfs der Lapithen und Kentauren

---

ABBILDUNG: OLYMPIA. Oben: Der Kronos-Hügel und das Alpheios-Tal mit der Altis.

Unten: OLYMPIA, SÄULEN DES HERAION. Dieser älteste Tempel von Olympia war ursprünglich dem Zeus und der Hera geweiht, ursprünglich gebaut Anfang des 7. Jahrhunderts v. Chr., seit dem 5. Jahrhundert v. Chr., als Zeus seinen eigenen Tempel erhielt, der Hera allein. Die Säulen waren ursprünglich aus Holz und wurden erst allmählich durch solche aus Stein ersetzt, von denen noch zwei aufrecht stehen. Das Innere enthielt die kostbarsten Altertümer und heiligen Geräte der Altis. Der Ursprung des Heiligtums im Alpheiostal im Lande Elis verliert sich in grauer Vorzeit. Nach der Sache und einzelnen Forschern stammt es aus vordorischer Zeit. Es ist eine frühe Stätte des Zeuskultes. Olympiaden wurden seit 776 v. Chr. gezählt; 393 n. Chr. wurden die Olympischen Spiele aufgehoben. Die Ausgrabungen der Altis, zu deren Zerstörung Erdbeben mit beigetragen haben, wurden 1829 von den Franzosen begonnen (die Metopen im Louvre), aber erst 1875–81 von den Deutschen unter Ernst Curtius systematisch durchgeführt. Nach Wegräumen des bis 4 m hohen Schutts hat sich ein neuer Hain von Kiefern entfaltet.

---

bei Peirithoos' Hochzeit. Gegen die Mitte des Giebels nämlich steht Peirithoos, neben ihm auf der einen Seite Eurytion, der Peirithoos' Gattin geraubt hat, und Käneus für Peirithoos kämpfend, auf der andern Seite Theseus, die Kentauren mit dem Beile abwehrend. Ein Kentaur hat eine Jungfrau, der andere einen blühenden Knaben geraubt. Solches aber bildete Alkamenes, wie mir scheint, aus Homeros' Gesängen gelehrt, daß Peirithoos ein Sohn des Zeus sei, und weil er wußte, daß Theseus als vierter Abkömmling von Pelops stamme. An dem Tempel zu Olympia findet man auch viele Taten des Herakles. So ist über der Vordertüre des Tempels die Jagd des Arkadischen Ebers gebildet, ferner der Kampf gegen Diomedes den Thraker, gegen Geryones in Erytheia, dann wie er die Last des Atlas auf sich nehmen will und das Land der Eleer vom Dünger reinigt. Über der Türe an der Hinterseite sieht man, wie er der Amazone den Gürtel nimmt, ferner seine Taten in betreff der Hindin, des Stieres in Knossos, der Vögel am See Stymphalos, der Hydra und des Löwen im Argeiischen Lande.

Wenn man die eherne Türe eingehen will, so steht rechts von der einen Säule Iphitos, der von einem Weibe Ekecheiria bekränzt wird, wie die elegischen Verse dabei anzeigen. Auch innerhalb des Tempels sind Säulen und in der Höhe Säulengalerien, durch die man zur Bildsäule gelangt. Auf das Dach führt auch eine gewundene Treppe.

Der Gott nun sitzt auf einem Throne, aus Gold gebildet und Elfenbein. Ein Kranz bedeckt sein Haupt, nachbildend die Zweige des Ölbaums. In der Rechten trägt er eine Nike, auch sie ist von Elfenbein und von Gold, eine Binde haltend und mit einem Kranz auf dem Haupte. In der Linken des Gottes prangt ein Szepter, von allen Farben erglänzend. Der Vogel, der auf dem Szepter sitzt, ist der Adler. Von Gold sind auch die Sohlen des Gottes und ebenso das Gewand. Dem Gewande sind Tiergestalten und Lilienblumen eingebildet. Der Thron ist reichgeziert mit Gold und Gestein sowie mit Elfenbein und Ebenholz. Auch auf ihm sind Tiere mit Farben nachgeahmt und erhobene Gebilde. Vier Bilder tanzender Niken umgeben oben jeden Fuß des Thrones, und zwei sind unten an jedem Fuße. Auf jedem der beiden Vorderfüße liegen thebanische Knaben, von Sphinxen geraubt; unterhalb der Sphinxe stehen Apollon und Artemis, auf die Kinder der Niobe mit Pfeilen schießend.

Ganz oben am Throne über dem Haupte der Bildsäule hat Pheidias auf der einen Seite die Chariten, auf der andern die Horen gebildet, beide drei an der Zahl; denn auch diese wurden als Töchter des Zeus besungen. Die Unterlage unter Zeus' Füßen zeigt goldne Löwen in erhobner Arbeit und den Kampf des Theseus gegen die Amazonen. Auf dem Untersatze, der den Thron trägt und den Zeus mit allem ihn umgebenden Schmucke, sind goldne Gebilde: Helios, wie er den Wagen besteigt, Zeus und Hera und neben ihm eine Charis. Dieser zunächst erscheint Hermes, neben Hermes Hestia, nach der Hestia Eros, die aus dem Meere aufsteigende Aphrodite empfangend. Auch Apollon mit der Artemis ist darauf in erhobener Arbeit gebildet. Athene ferner und Herakles: noch am Ende des Untersatzes Amphitrite und Poseidon und Selene.

Das Maß des olympischen Zeus der Höhe nach und Breite ist, wie ich weiß, schon schriftlich angegeben worden; doch kann ich die Messenden nicht loben. Denn ihre Maßangaben sind viel zu gering gegen die Meinung, die der eigene Anblick der Bildsäule erweckt, zumal wo der Gott selbst ein Zeugnis für Pheidias' Kunst gegeben haben soll. Als nämlich die Bildsäule vollendet war, bat Pheidias den Gott, ein Zeichen zu geben, ob das Werk ihm nach Wunsch wäre. Und alsbald soll ein Blitz niedergefahren sein auf die Stelle des Bodens, wo sich noch zu meiner Zeit eine eherne Urne mit einer Bedeckung fand. Der Boden zunächst vor der Bildsäule ist nicht mit weißem, sondern schwarzem Marmor ausgelegt. Rings um die schwarzen Steine läuft eine Einfassung von parischem Marmor, um das übergegossene Öl aufzuhalten. Das Öl nämlich ist der Bildsäule zu Olympia sehr dienlich, indem es verhindert, daß das Elfenbein durch die dumpfige Ausdünstung der Altis beschädigt wird.

Unter den Weihgeschenken, die im Innern oder in der Vorhalle aufbewahrt sind, findet man den Thron des Arimnos, Königes der Tyrsener, welcher zuerst unter den Nichthellenen dem Gotte zu Olympia ein Weihgeschenk verehrte; ferner die ehernen Rosse der Kyniska zum Andenken eines olympischen Sieges. Sie stehen in der Vorhalle, wenn man eingeht, rechts. Dort steht auch der mit Erz überzogene Dreifuß, auf welchen man, bevor der Tisch gemacht wurde, die Kränze für die Sieger legte.

Unter den Denksäulen findet man auch die mit dem hundertjährigen Bündnisse, welches die Eleer mit den Athenern, Argeiern und Mantineern zu gemeinsamer Verteidigung schlossen.

Das Pelopion, ein ehemals sehr heilig gehaltener Platz, ist von dem Eingange zum Tempel des Zeus rechts nach dem Boreaswinde hin, doch so weit von dem Tempel entfernt, daß Männerbilder und andere Denkmäler dazwischenstehen.

Der Altar des olympischen Zeus ist ungefähr gleichweit von dem Pelopion und dem Tempel der Hera entfernt, liegt jedoch beiden nach der Vorderseite zu. Er ist errichtet von den Opfertieren, die dem Zeus gebracht wurden, und zwar von der Asche der Schenkelknochen, wie auch der zu Pergamos. Die Opfertiere pflegen auf dem untern Teile, der Prothysis, geschlachtet zu werden, die Schenkel dagegen bringen sie auf die Höhe des Altars und opfern sie daselbst. Bis zur Prothysis denn dürfen auch Jungfrauen gehen und ebenso Weiber, wenn sie nicht etwa von Olympia ausgeschlossen sein sollten; von hier aber bis zum obersten Teile des Altars dürfen nur Männer hinaufsteigen. Es wird dem Zeus auch ohne feierliche Versammlung von einzelnen Personen geopfert. Jedes Jahr aber beachten die Wahrsager den neunzehnten des Monats Elaphios (März) und holen aus dem Prytaneion Asche, durchkneten sie mit dem Wasser des Alpheios und übertünchen damit den Altar.

Es ist nun auch der Tempel der Hera an der Reihe nebst allem, was sich darin Merkwürdiges findet. Die Bauart des Tempels ist dorisch: rings umgeben ihn Säulen. Wer der Baumeister gewesen, wissen sie nicht anzugeben. Alle fünf Jahre aber weben sechzehn Frauen der Hera ein Gewand; dieselben feiern ihr auch Kampfspiele, Heräa genannt. Die Spiele bestehen in einem Wettlaufe unter Jungfrauen, die jedoch nicht alle gleiches Alters sind. Zuerst nämlich laufen die jüngsten, dann die nächst älteren, und zuletzt die ältesten unter ihnen. Sie laufen aber so: das Haar wallt ihnen herab, das Unterkleid reicht ein wenig über das Knie, die rechte Schulter ist bis an die Brust entblößt. Es ist ihnen nun zwar auch die olympische Bahn zum Wettlaufe angewiesen; aber fast um den sechsten Teil verkürzt. Die

Siegerinnen erhalten Olivenkränze und einen Teil des Rindes, das der Hera geopfert wird. Auch ihre gemalten Bildnisse dürfen sie aufstellen. Die sechzehn Frauen, welche das Kampfspiel anordnen, haben auch ebensoviel Dienerinnen.
In dem Tempel der Hera ist eine Bildsäule des Zeus. Das Bild der Hera erscheint sitzend auf einem Throne; er aber steht neben ihr mit einem Barte und das Haupt mit einem Helme bedeckt. In der Folge hat man auch noch andere Bildsäulen in das Heräon geweiht, so einen Hermes von Stein, der den Dionysos als Kind trägt, ein Kunstwerk des Praxiteles.
Es finden sich aber auch noch andere Weihgeschenke dort: die Wurfscheibe des Iphitos und der Tisch, worauf die Kränze für die Sieger liegen. Auf der Wurfscheibe des Iphitos ist der Waffenstillstand eingegraben, den die Eleer während der Olympischen Spiele ankündigen.
Die Säule des Oinomaos, wie die Eleer sie nennen, ist auf dem Wege von dem großen Altare zum Tempel des Zeus. Links aber stehen vier Säulen mit einem Dache; diese aber sind zur Stütze gemacht für die hölzerne Säule, welche von der Zeit sehr gelitten hat und größtenteils mit Bändern zusammengehalten wird. Diese Säule stand, wie sie erzählen, im Hause des Oinomaos. Als aber der Blitz einschlug, verzehrte das Feuer das ganze übrige Haus, und nur die Säule blieb noch davon. Ein ehernes Täfelchen an ihr enthält folgende elegische Inschrift:

Ja von berühmtem Geschlecht ein Überrest bin ich, o Fremdling!
Eine Säule vordem zierend Oinomaos' Haus.
Neben Kronion jetzt rag ich, in ehernen Fesseln gehalten,
Reich an Ehre; mich traf nicht die verzehrende Glut.

Die Bildsäule des Zeus in dem Rathause ist unter allen Gebilden von diesem Gotte besonders zum Schrecken für ungerechte Männer errichtet. Er hat den Beinamen Horkios (Rächer des Eides) und hält in der einen Hand den Blitzstrahl. Bei diesem pflegen die Athleten, ihre Väter und Brüder, dazu auch die Kampflehrer über einem geteilten Eber zu schwören, daß sie die olympischen Kampfgesetze auf keine Weise verletzen wollen. Die Athleten schwören noch dazu, daß sie sich zehn Monate hintereinander in jeder Hinsicht aufs sorgfältigste einüben wollen. Es schwören auch alle die, welche die Knaben oder die Füllen für den Wagenkampf zu prüfen haben, daß sie nach Recht und ohne Geschenke die Prüfung anstellen und die Ursachen der Billigung oder Nichtbilligung geheimhalten wollen. Vor den Füßen des

---

ABBILDUNG: OLYMPIA. DIE NIKE DES PAIONIOS. 1875 aufgefunden und aus vielen Bruchstücken zusammengesetzt, parischer Marmor, Höhe bis zum Scheitel 2,16 m. Herabfliegende Nike von einem Siegesdenkmal, das die Messenier und Naupaktier durch den Paionios von Mende (Thrakien) darstellen und zu Ehren des Zeus auf einem 9 m hohen Sockel vor der Ostfront des Zeustempels aufstellen ließen. Ionisch, um 420. Museum Olympia.

Horkios aber befindet sich ein ehernes Täfelchen, worauf elegische Verse stehen, die den Meineidigen Furcht einflößen sollen.

Der Berg Kronion erstreckt sich an der Grundmauer hin, worauf die Schatzhäuser stehen. Auf dem Gipfel des Berges opfern die sogenannten Vasilä dem Kronos bei der Frühlings-Tagundnachtgleiche in dem Monate, der bei den Eleern Elaphios heißt.

Am Ende der Bildsäulen, welche von den Strafgeldern der Kämpfer gemacht worden sind, ist ein sogenannter geheimer Weg, auf welchem die Hellenenrichter und die Kämpfer zur Laufbahn zu gehen pflegen. Die Laufbahn nun besteht aus einem Damme von Erde, worauf ein Sitz erhöht ist, für die, welche den Kampf anordnen. Den Hellenenrichtern gegenüber ist ein Altar von weißem Marmor. Auf diesem Altare sitzt ein Weib, die Spiele beschauend, eine Priesterin der Demeter Chamyne.

Geht man von der Laufbahn, wo die Kampfrichter sitzen, hinaus, so kommt man an einen Platz, wo die Pferde zum Wettrennen eingelassen werden (Roßbahn), und zu den Schranken der Pferde. – Ungefähr um die Mitte der Schranken wird in jeder Olympiade ein Altar von ungebrannten Ziegelsteinen errichtet und von außen übertüncht. Auf diesem Altare liegt ein eherner Adler mit weitgebreiteten Flügeln. Einer der Kampfaufseher setzt das Kunstgetriebe in dem Altar in Bewegung, und dann kann der Adler in die Höhe steigen, so daß er den Zuschauern sichtbar wird; der Delphin aber senkt sich zu Boden. Zuerst nun werden auf beiden Seiten an der Halle des Agnaptos die Seile niedergelassen, und sogleich laufen die zunächst daran stehenden Pferde hervor; dann laufen die, welche den zweiten Standplatz erlost haben, wobei dann ebenfalls die Seile niedergelassen werden; in solcher Ordnung geht es fort mit den Pferden, bis sie alle gleich an dem Schnabel des Vorderteiles nebeneinander stehen. Jetzt kann sich nun die Kunst der Wagenlenker und die Schnelligkeit der Pferde zeigen.

Im Gymnasion hat der Athener Herodes statt der alten Bildsäulen die Kore und Demeter von pentelischem Marmor aufrichten lassen. Hier stellen die Fünfkämpfer und Wettläufer ihre Übungen an. Im Freien aber ist eine steinerne Grundmauer errichtet, worauf anfänglich auch ein Siegeszeichen über die Eleer stand. Links vom Eingange in das Gymnasion ist noch ein anderer umschlossener Platz, aber kleiner; hier sind die Ringschulen für die Kämpfer. An die Mauer der Halle nach der Morgenseite des Gymnasion stoßen die Häuser für die Kämpfer, welche gegen Mittag und Abend gerichtet sind.

ABBILDUNG: OLYMPIA. Säulenhalle der PALÄSTRA aus dem 3. Jahrhundert. – Unten: DER GEWÖLBTE GANG ZUM STADION, von Pausanias erwähnt.

PINDAR · OLYMPIA

Mutter o du des goldgekrönten
Kampfspiels, Olympia
Du Herrscherin der Wahrheit, wo ahnende Männer,
Aus heiliger Flamme schließend,
Erfahren von Zeus, dem helle Blitzenden,
Wenn etwa er hat ein Wort von Männern,
Strebend nach großen
Tugenden im Gemüt zu empfangen
Und der Mühen Umatmung.

Aus der achten olympischen Ode. Deutsch von Hölderlin

PINDAR · AUS DER ERSTEN OLYMPISCHEN ODE

Weit leuchtet des Olympischen
Kampfes Ruhm, da wo in Pelops'
Rennbahn der Füße Schnelligkeit
wetteifernd kämpft, und die Reife
arbeitseliger Stärke.
Aber dem Sieger umkränzt mit
heiterer Wonne die Palme
der Tage Überrest. Dieser nimmer
weichende Schmuck ist das Höchste,
was irgendeinen Sterblichen krönt. Mir
aber geziemet es, jenem
in äolischer Weise
rossepreisende Siegeshymnen
schön zum Kranze zu flechten.

Deutsch von Wilhelm von Humboldt

ABBILDUNG: OLYMPIA. VOM WESTGIEBEL DES ZEUSTEMPELS. Aus der Darstellung der von den Kentauren gestörten Hochzeit des Lapithenkönigs: Deidameia, die Braut des Peirithoos, wird von dem Kentauren Eurytion geraubt (nach neuerer Darstellung Doppelhochzeit im Hause des Königs Dexamenos von Elis zwischen seinen Töchtern Theronike und Theraiphone mit den Aktoriden Eurytos und Ktealos; Apollon befiehlt den Aktoriden, den Frevel der Kentauren, die sich während des Festes an den Bräuten und Jungfrauen vergreifen, zu rächen). Kopf eines Lapithen im Kampf mit einem Kentaur.

Folgende Seiten: DEIDAMEIA UND EURYTION. Apollon als Mittelfigur. Marmor, überlebensgroß. Museum Olympia.

Fragen wir, was dieses Olympia über die Festzeit war, so haben wir uns vor allem nicht eine Stadt vorzustellen, die über ein paar Tage die Läden schließt und das Philisterleben stillstellt, um mit anonymen auswärtigen Scharen in Saus und Braus zu schwärmen; vielmehr war es ein Ort, wo man sich große Entbehrungen auferlegte. Schon die geographische Lage war für die ganze östliche Seite der griechischen Welt nicht bequem; sodann war der Ort nicht besonders gut eingerichtet; man war enge zusammengedrängt und übernachtete im Freien oder unter Zelten, bei Tage war man oft den Sonnenstrahlen schutzlos preisgegeben. Aber das alles wurde durch die enorme Gemütsstimmung aufgewogen, die an dieser Stätte herrschte. Ein riesiges, fünftägiges Fest wurde da gefeiert, und zwar zur Vollmondszeit. Pindar, der im elften olympischen Gesang zwar nicht das Fest, wie es war, sondern die ursprüngliche mythische Gründung schildern will, dabei aber doch die Farben aus der Wirklichkeit nimmt, läßt, nachdem die einzelnen Kämpfe vorbei sind, das liebliche Licht des freundlichen Mondes abendlich erglänzen, worauf dann der ganze Bezirk von Liedern zum Ruhme der Sieger erschallt. Ehe es aber zu diesem friedlichen Abschlusse kam, kostete man eine Spannung durch, die über alles geht, was zum Beispiel bei modernen Wettrennen empfunden wird, und das inmitten einer Zuschauermenge, die von gleich heftigen Gefühlen bewegt war und für die einzelnen Vorgänge eine große Kennerschaft an den Tag legte. Dabei befand man sich an der prächtigsten Stätte, die voll von Kunstwerken war; vor und nach den Kämpfen nahm eine enorme Fülle von Gebräuchen und Opfern die Aufmerksamkeit in Anspruch; in den umständlichen Behörden kam der in der Sache waltende Ernst zum Ausdruck; man wußte, daß die Hellanodiken sich zehn Monate lang in dem für sie bestimmten Hause zu Elis von den Nomophylaken in allen ihren Obliegenheiten hatten unterrichten lassen, eine Schulung, welche unentbehrlich sein mochte, wenn die Behörde gegenüber dem Widerspruche der Unterlegenen ihre Autorität erhalten sollte.

Beiläufig mag hier noch erwähnt sein, daß das olympische Fest (wie wohl alle wichtigern Agone) ausschließlich eine Sache von Mannsleuten war und daß man die Weiber davon drakonisch fernhielt. Der Grund war ohne Zweifel die Besorgnis vor schrankenlosem weiblichem Beifall aus nicht gymnastischem, sondern anderm Motiv, nach nicht gymnastischen Qualitäten. Nur beim Wettlauf im Stadion waren auch Jungfrauen nicht vom Zusehen ausgeschlossen, und die Priesterin der Demeter Chamyne hatte dort ihren offiziellen Sitz.

Außer den Kämpfern kamen nun nach Olympia prächtig ausgerüstete Festgesandtschaften mit Opfertieren und Weihgeschenken der Staaten und der Einzelnen; es kamen Chöre aller Art, besonders auch Knabenchöre, um beim Festopfer ihre Gesänge vorzutragen, es strömten Menschen aus ganz Griechenland und den Kolonien herbei; alle Dialekte und

---

ABBILDUNG: OLYMPIA. VOM OSTGIEBEL DES ZEUSTEMPELS. Kopf eines Greises (eines Sehers) von der rechten Hälfte. Museum Olympia.

Interessen und Freundschaften gaben sich ihr Stelldichein; man sah, wie groß und ausgebreitet die Nation war; denn neben den zahllosen einzelnen Poleis bot sich hier einmal die Darstellung des Ganzen, und zwar eine freie, unbefohlene, und zusammengehalten war dieses Ganze in höchster Spannung durch die Wettkämpfe, bei welchen sich nicht nur Individuen, sondern dem Gefühle nach die betreffenden Poleis maßen.

An dieser Stätte, welche außerhalb auch der mächtigsten und ehrgeizigsten griechischen Poleis lag und somit neutral war, erschienen dann aber auch die Vertreter des griechischen Geistes. Daß Herodot daselbst Teile seines Geschichtswerkes vorgelesen habe, wird zwar bezweifelt; aber mitten zwischen die Kämpfe hinein trat etwa jemand auf wie der Rhapsode Kleomenes und rezitierte die Weihesprüche des Empedokles, die ihm dieser, weil es für den Vortrag an dieser Stätte eines ganz besondern Organes bedurfte, ad hoc mußte anvertraut haben. Natürlich finden wir auch den Festredner mit vollem Mantelwurf, einen Gorgias und andere, die hier über Eintracht unter den Hellenen und Kampf gegen die Barbaren schöne Worte machen oder den Sturz des sizilischen Dionys predigen; und endlich finden sich auch die Philosophen ein bis auf jenen Cyniker Peregrinus Proteus hinunter, der recht eigentlich das Ende des olympischen Ruhmwesens bezeichnet; denn über seinen Sprung ins Feuer konnte die müde alte Welt nicht mehr hinaus.

Eine starke Konkurrenz für Olympia hätte in Delphi erwachsen können, insofern man dort von dem anfänglich fast bloß musischen Agon und den gymnastischen Spielen der Knaben allmählich zu aller möglichen Athletik und zum Wagenrennen überging. Doch kommt uns vor, die wahre spätere Konkurrenz sei viel eher Athen gewesen. «Die übrigen Festversammlungen kommen nach langen Zwischenräumen zusammen und enden bald wieder; unsere Stadt aber ist die ganze Zeit hindurch für die Ankommenden eine Festversammlung», sagt Isokrates jedenfalls mit einer gewissen Berechtigung.

Indes war und blieb Olympia immerhin die einzige Stätte der ganz allgemeinen griechischen Publizität und war hierin auch durch Delphi nicht zu ersetzen, welches dafür andere Seiten der Überlegenheit besaß. Wer etwas an alle Griechen bringen wollte, mußte entweder in Olympia selber auftreten oder ein Bildwerk mit Inschrift hinstiften.

AUS PINDARS ELFTER OLYMPISCHER ODE
HERAKLES STIFTET DEN WETTKAMPF VON OLYMPIA

Den hohen Kampf im
Liede zu feiern, mahnen Kronions
Satzungen mich, den Kampf,
Welchen Herakles' Gewalt
Am Grabmal des Pelops einst aufgestellt.

Er versammelt in Pisa nun das gesamte Heer
Und alle Kriegsbeute, der starke Sohn
Des Zeus, vermaß dort
Einen geweihten Raum für den großen
Vater, umhegt ihn rings,
Scheidet in offnem Gefild
Den Altis aus, bestimmt rundumher
Das Feld zu Festschmaus und Rast,
Und ehrt Alpheos' Strom zugleich.

Mit den Göttern, den zwölf Herrschern. Auch Kronos' Höhn
Benennt er; denn ohne den Namen einst,
Als noch Önomaos
Waltete, troff der Hügel, umstürzt von
Flocken des Winters. Hier
Schirmend des Festes Geburt
Zu weih'n, standen des Geschicks Mächte nah,
Gesellt der Zeit, die allein,
Von Truge ferne, die Wahrheit lehrt.

Sie meldete getreulich und wahr, fortwandelnd ihre Bahn,
Wie dort aus dem gewonnenen Raub
Absondernd er die Erstlinge dem Gott
Weihte, darauf einsetzte die
Fünfjährige Festzeit,
Die Olympias beginnend
Und der Sieger Bekränzungen.
Wer hat zuerst den Kranz
Sich, den frischen, erkämpft
Mit Händen, mit Füßen, im Wagenlauf,
Mit Ruhm sich geschmückt und des Siegs
Ehre gewonnen durch rüstige Tat?

In dem Stadion siegreich auf der geraden Bahn,
Gewann's im Schnellaufe Likymnios'
Sprößling, Öonos:
Führend ein Heer, kam er von Mideia.
Sieger im Ringspiel war
Echemos, Tegeas Ruhm.
Im Faustkampf errang den Preis Doryklos,
Der aus Tirynth kam, der Stadt,
Im vierspännigen Wagen dann
Halirothios' Sohn, Samos von Mantinea.
Zum Ziele traf Phrastor im Lanzenwurf.
Weit schwang Enikeus
Hoch in die Lüfte wirbelnd den Diskos
Über sie all' hinweg,
Und in der Freunde Gewühl
Erscholl lauter Jubelruf. Pisas Flur
Umfing des Mondes heller Blick
Mit holdseligem Abendlicht.

Bei wonnigen Gelagen ertönte da der ganze Hain
Von siegfeiernder Lieder Gesang.

Deutsch von J. J. C. Donner

PINDAR, ÜBERSETZT VON GOETHE
AUF EINEN OLYMPIASIEGER (FÜNFTE OLYMPISCHE ODE)

Hoher Tugenden und
olympischer Kränze
Süße Blüten empfange,
Tochter des Ozeans,
Mit freudewarmem Herzen,
Sie, unermüdeter Mäuler
Und des Psaumis Belohnung,
Der, deiner Stadt Preis erwerbend,
Bevölkertes Kamarina,
Auf sechs Zwillingsaltären
Verherrlichte die Feste der Götter
Mit stattlichen Rindopfern
Und Wettstreits fünftägigem Kampf
Auf Pferden, Mäulern und Springrossen,
Dir aber siegend
Lieblichen Ruhm bereitete,
Da seines Vaters Akrons
Name verkündet ward
Und deiner, neubewohnte Stätte.

Und nun, heranwandelnd
Von des Önomaus
Und des Pelops lieblichen Gründen,
Völkerschützerin Pallas,
Besingt er deinen heiligen Hain,
Des Oanis Fluten,
Des Vaterlands See
Und die ansehnlichen Gänge,
In welchen die Völker
Hipparis tränket,
Schnell dann befestigt er
Wohlgegründeter Häuser
Hocherhabne Gipfel, –
Führt aus der Niedrigkeit
Zum Licht 'rauf sein Bürgervolk.
Immer ringet an der Tugend Seite
Müh und Aufwand
Nach gefahrumhülltem Zwecke.
Und die Glücklichen
Scheinen weise den Menschen.

Erhaltender, wolkenthronender Zeus,
Der du bewohnest Kronions Hügel,
Ehrest des Alpheus breitschwellende Fluten
Und die idäische heilige Höhle,
Bittend tret ich vor dich
In lydischem Flötengesang,
Flehe, daß du der Stadt
Mannswerten Ruhm befestigest.
Du dann, Olympussieger,
Neptunischer Pferde
Freudmutiger Reiter,
Lebe heiter dein Alter aus,
Rings von Söhnen, o Psaumis, umgeben.
Wem gesunder Reichtum zufloß
Und Besitztums Fülle häufte
Und Ruhmnamen drein erwarb,
Wünsche nicht ein Gott zu sein.

ABBILDUNG: OLYMPIA. METOPEN DES ZEUSTEMPELS. Athena, aus der Darstellung: Herakles bringt die stymphalischen Vögel. Das Original im Louvre, Paris.

Folgende Seiten: Links: Atlas bringt dem Herakles, der das Himmelsgewölbe trägt, die Äpfel aus dem Garten der Hesperiden. Museum Olympia. – Rechts: Herakles, den Augiasstall reinigend, und Athena. Museum Olympia.

Parischer Marmor, Höhe der Metopen 1,6 m. Die insgesamt 12 Metopen stellen die zwölf Großtaten des Herakles dar.

Was die Byzantiner noch durch ein großes Festungsviereck zu schützen suchten, haben furchtbare Erdbeben niedergeworfen, und nachdem eine spätere Bevölkerung ihre elenden Hütten wie ein Spinngewebe über den Schutt von Olympia gesponnen hatte, sind auch die Reste dieser Bevölkerung durch die von den Höhen herabgespülte Erde wie durch den Kies der ausgetretenen Flüsse überdeckt. Mit Ausnahme einer Ecke des Zeustempels sah man nichts, was an die alte Geschichte mahnte. Ja es gab keine historische Gegend, die weniger historisch aussah als diese, und nicht ohne Herzklopfen wagten wir es dennoch, auf Grund des glücklichen Erfolges der französischen Ausgrabungen, nachdem eine sorgfältige Untersuchung gezeigt hatte, daß die Marmorwerke nicht in Kalköfen verschwunden waren, den Antrag zu stellen, daß man getrost beginnen solle, den Schuttmantel wegzuziehen und den Tempelhain des Zeus freizulegen.

Bedenkt man, daß in Ephesos zwölf Jahre gesucht wurde, bis man den Tempel in dürftigen Überresten entdeckte, so wird man darin ein seltenes Glück erkennen, daß, nachdem am 4. Oktober 1875 der erste Spatenstich geschehen, am 14. Dezember der Greis des Ostgiebels zum Vorschein kam, am 20. die Nike des Paionios, und heute ist der ganze Hain, ein ummauerter Raum, etwa von der Größe des Lustgartens, uns besser bekannt als der Marktplatz von Pompeji, und das Altertum spricht zu uns aus einer Fülle neu entdeckter Denkmäler.

Es ist charakteristisch für alles, was die Hellenen geschaffen haben, daß es kleiner und bescheidener ist, als wir es uns vorgestellt haben. So haben wir auch die Altis, welche ein Jahrtausend hindurch ein gemeinsamer Festraum der hellenischen und hellenisierten Menschheit gewesen ist, viel umfangreicher und großartiger gedacht.

Die Tempel der Altis sind in hervorragendem Sinne kunstgeschichtliche Denkmäler; denn sie sind nicht, wie der Parthenon, aus einem Gusse, sondern sie tragen die deutlichsten Kennzeichen des allmählichen Werdens und mehrfacher Umgestaltung. Am Heraion läßt sich deutlich nachweisen, wie die alten Holzsäulen nach und nach gruppenweise in Stein ersetzt worden sind; die Zahl der Hohlkehlen, die Form der Säulenköpfe zeigen die Stufen der Baugeschichte, wie sie noch nirgends an einem Denkmal haben nachgewiesen werden können.

Der Zeustempel selbst ist ein Stück Kunstgeschichte. Aus dem Muschelkalk, der im Alpheiostale bricht, ist er von einheimischen Meistern errichtet, ein Muster des strengen Stils dorischer Ordnung, das ältere und größere Seitenstück des Parthenons, und es gibt keinen Tem-

ABBILDUNG: OLYMPIA. HERMES MIT DEM DIONYSOS-KNABEN, gefunden am 8. Mai 1877 im Heraion an der Stelle, wo sich nach Pausanias ein Hermes von der Hand des großen attischen Meisters Praxiteles befand. Gegenüber zeitweise geäußerten Zweifeln wird ziemlich allgemein angenommen, daß es sich um eines der wenigen erhaltenen Originale des 4. Jahrhunderts handelt.

pel in Griechenland, in dem es so viel zu forschen und zu lernen gibt, weil es hier bezeugt ist, daß verschiedene namhafte Meister und verschiedene hervorragende Kunstschulen des fünften Jahrhunderts v. Chr. sich an der Ausstattung des Tempels wetteifernd beteiligt haben. Unser vorzügliches Augenmerk galt den Giebelfeldern, und die unverdrossene Arbeit ist nicht vergeblich gewesen. Von Woche zu Woche wurden dem Schlammboden neue Marmorbilder entrungen. Glied um Glied sahen wir die Heroengestalten wieder emporwachsen, wie sie vor mehr als zwei Jahrtausenden gebildet sind, von neuem in lebendigen Zusammenhang sich fügend, wie zwei Gedichte des Altertums, die aus einem Gewirre abgerissener Verse von neuem Einheit und Verständnis erhalten, zwei große Weltgemälde von hervorragenden Meistern, zwei Kompositionen von je 21 Marmorkolossen, von denen wir uns bisher nach den Beschreibungen der Alten eine notdürftige Vorstellung zu machen suchten.

Die zwölf Metopentafeln, deren fortschreitende Wiederherstellung einer der glücklichsten Erfolge ist, sind Werke von Meistern, die hier in treuer Arbeit das Beste, was ihre Schule vermochte, geleistet haben; großartige Werke in edelstem Stil, ernst und feierlich, altertümlich befangen, aber nicht ohne Züge von schalkhaftem Humor. Die Ausstattung der Giebel wurde Künstlern übergeben, die ihres Ruhmes wegen berufen waren, auf Grund eines mit den Tempelbehörden abgeschlossenen Kontrakts. Hier ist rascher gearbeitet worden und von solchen Werkleuten, welche die attische Schule nicht durchgemacht hatten.

Wir sehen in den Giebelgruppen noch eine Gewaltsamkeit und Heftigkeit der Bewegung, welche in der harmonischen Ruhe derParthenongruppen überwunden scheint, und andererseits glauben wir eine über Pheidias hinausgehende Kühnheit in dem Bildwerke zu erkennen, in welchem Paionios mit gereiftem Kunstvermögen den Peloponnesiern zeigen wollte, was er leisten könne, wenn er frei seinem Genius folgte. Seine Siegesgöttin ist ein Triumph attischer Marmorbildnerei; die träge Masse des Steins scheint vernichtet, wenn wir die Göttin mit ihren mächtigen Schwingen vom Olympe niederschweben sehen.

Was diese Tempelgiebel und die mit ihren ausgespannten Fittichen immer völliger auswachsende Nike für die Kunstgeschichte des fünften Jahrhunderts zu denken geben, ist lange nicht zu Ende gedacht, während die Kunstblüte des vierten Jahrhunderts uns klar und licht im Hermes vor Augen steht, den wir an demselben Platze, wo er geweiht war, fanden und der wie ein treuer Posten, mit zerschmetterten Füßen, das Antlitz zum Boden gekehrt, im Schutte lag.

Hermes war neben Apollon der zweite Jüngling im Olymp.

Ein alter Naturgott nordischer Herkunft, ein Gott der Hirten, behielt er Apollon gegenüber einen derberen, naturwüchsigeren Charakter, ist mehr körperlich wirksam, mehr nach außen tätig; darum aber keine untergeordnete Natur, sondern der Liebling des Volkes und das leibhaftige Vorbild seiner Jugend, die gleich ihm unter dem Segen südlicher Gestirne sich umher taumelnd frisch und gesund emporwächst. Im Vollgenuß seiner Kraft hat er eine Freude daran, aller Orten einzutreten, wo rasche Hilfe nötig ist, namentlich bei Kindern, die der Eltern beraubt sind; so hier bei dem kleinen Bacchus, dessen Mutter vor der Geburt des Kindes vom Blitze des Zeus verzehrt war.

PAUSANIAS · DER LÖWE VON CHAIRONEIA

In der Nähe der Stadt findet man ein gemeinsames Grabmal jener Thebäer, die in der Schlacht gegen Philippos gefallen waren; eine Inschrift ist nicht darauf geschrieben, als Aufsatz aber steht ein Löwe darauf: der möchte wohl den Mut dieser Männer andeuten. Die Inschrift aber fehlt, wie ich glaube, weil ihrer Tapferkeit nicht das entsprechende Geschick folgte.

HERMANN HETTNER · DER LÖWE VON CHAIRONEIA

Nach der unglücklichen Schlacht von Chaironeia brachten die Athener ihre Toten nach Athen und bestatteten sie, wie es seit dem zweiten Perserkriege bei ihnen Gesetz und Brauch war, in der Gräberstraße des äußeren Keramikus.

Die Thebaner aber begruben die Toten auf dem Schlachtfelde selbst. Und nicht eine Inschrift stellten sie auf das Grabmal, sondern das Kolossalbild eines sterbenden Löwen.

Wie erschütternd ist die Sprache dieses stummen Denksteins! – Die Formen dieses gewaltigen Leibes sind so kräftig und stolz und edel; man sieht, der Löwe, wenn er nicht siegen kann, ist ein Held auch noch in seinem Untergange. Vom Kampf bis zum Tod ermattet, hat er sich niedergekauert, den Schweif tief eingezogen; aber noch rafft er die letzte Kraft zusammen und stellt sich trotzig auf die Vordertatzen.

Griechenland hatte ein Recht dazu, sich die Trauer über den Fall seiner Freiheit durch selbstbewußten Stolz zu mildern. Hier bei Chaironeia flammte noch einmal die alte politische Tatkraft auf; alle inneren Feindseligkeiten verstummten der von außen drohenden Gefahr gegenüber. Mehr als tausend Athener fielen; fast ebenso viele Thebaner, und unter diesen Thebanern war die heilige Schar jener dreihundert Jünglinge, die noch keine Schlacht besiegt hatte und die auch hier, ihrem Eide getreu, nicht von der Stelle wich.

Es liegt eine tiefe Poesie in jener Erzählung, die uns der alte Geschichtschreiber Diodor berichtet. Am Abend nach der Schlacht durchwanderte Philipp mit seinen Feldherren siegestrunken das Schlachtfeld. Sie kamen zuerst an die Stelle, wo die heilige Schar der Thebaner, mit Wunden bedeckt, Mann an Mann lag; der Anblick der ruhmvoll gefallenen Helden erweckte Bewunderung und Teilnahme in der Seele der Sieger. Als sie aber die Leichen der Athener sahen, da verhöhnte Philipp die Athener und wiederholte spottend die herausfordernden Worte der athenischen Kriegserklärung. Unter den Kriegsgefangenen war der athenische Redner Demades. Dieser rief dem König zu: «Warum spielst du die Rolle des Thersites, da dich doch das Schicksal zum Agamemnon erkoren hat?» Und Philipp nahm sogleich die Freudenkränze von seinem Haupte; dem Demades aber schenkte er die Freiheit.

Die Griechen sind besiegt; aber der Sieger beugt sich vor der geistigen Überlegenheit der Besiegten. Er kennt keinen höheren Stolz, als selbst ein Grieche zu heißen und dem griechischen Helden Agamemnon zu gleichen. Und derselbe Alexander, der sich an diesem Tage bei Chaironeia in den Kriegerreihen seines Vaters die ersten Heldenehren erkämpfte, zieht wenige Jahre nachher mit seinen Heeren weit in den Osten, um griechisches Wesen und griechische Bildung in alle Lande zu tragen und zum Gemeingut der ganzen Menschheit zu machen.

DIE TOTEN VON CHAIRONEIA
INSCHRIFT AUS DER «ANTHOLOGIE»

Chronos, gewaltiger Gott, allschauender, tu' es, ein teurer
Bote, den Sterblichen kund, was wir erduldet an Leid,
Die wir, den Rettungskampf für die heilige Hellas versuchend,
Hier auf böotischen Grund sanken vom Schwerte gefällt.

Deutsch von Geibel

ABBILDUNG: ITHOME, Sitz des Zeus-Heiligtums
Unten: MESSENE, das Askanische Tor.

STRABON · DELPHOI

Auf der Westseite des Parnaß wohnen die ozolischen Lokrer; auf der Südseite liegt Delphoi, ein felsiger Ort, in Gestalt eines Theaters; am Abhang befindet sich das Orakel und die Stadt mit einem Umfang von sechzehn Stadien.

Jetzt wird der Tempel etwas vernachlässigt; früher wurde er außerordentlich geehrt. Dies beweisen die Schatzhäuser, die von ganzen Gemeinden und von einzelnen Fürsten hier angelegt wurden, in welchen sie geweihte Schätze und die Werke der besten Künstler niederlegten, und das Pythische Kampfspiel, und die Menge der bekanntgewordenen Orakelsprüche.

Das Orakel ist, wie man sagt, eine unterirdische Höhle mit einer großen Öffnung, aus welcher der begeisternde Hauch heraufkomme. Über der Öffnung stehe ein hoher Dreifuß, auf welchen die Pythia steige, wo sie dann den Hauch empfange und in Versen oder Prosa weissage. Aber auch das Prosaische werde von Dichtern, die beim Tempel angestellt sind, ins Versmaß gebracht. Der Name der ersten Pythia war Phemonoë; Pythia aber heißt nicht bloß die Priesterin, sondern auch die Stadt von dem «um Rat fragen».

Das größte Ansehen erwarb sich der Tempel durch das Orakel, welches für das wahrhaftigste von allen galt; etwas trug auch die Lage des Ortes bei. Denn es liegt ungefähr in der Mitte von ganz Griechenland, sowohl innerhalb als außerhalb des Isthmus; ja man hielt ihn für den Mittelpunkt der Erde; weswegen der Ort auch Nabel der Erde genannt wurde, wozu man eine Fabel dichtete, die Pindarus erzählt, nämlich daß hier die zwei Adler zusammengetroffen seien, die Zeus – den einen von Westen, den andern von Osten – ausgeschickt habe; andere sagen, es seien Raben gewesen. Man zeigt auch im Tempel einen mit Bändern verzierten Nabel, und auf demselben die beiden Bilder der Mythe.

Da nun Delphoi eine so vorteilhafte Lage hatte, so geschah es leicht, daß man sich daselbst versammelte, besonders aus der Nachbarschaft. Damals entstand auch die Amphiktyonenversammlung, die über die allgemeinen Angelegenheiten sich beriet und gemeinsame Aufsicht über den Tempel führte, da viele Schätze und Weihgeschenke daselbst niedergelegt waren, die sorgsamer Aufsicht und Heilighaltung bedurften.

ABBILDUNG: CHAIRONEIA, Löwendenkmal für die 338 in der Schlacht bei Chaironeia unter Philipp II. von Makedonien gefallenen Makedonen, 1902/03 aus den Bruchstücken neu errichtet, die Figur 6 m hoch.

GUSTAVE FLAUBERT · DIE LAGE VON DELPHOI

Im Vordergrunde rechts der Berg von Delphi. Zwei Bergspitzen (steil, in Facetten geschnitten, wie eine endlose Anhäufung geköpfter Pfeiler, stufenweise ansteigend), von rötlichbrauner Tönung, mit Büschen von Grün auf dem flachen Gipfel eines jeden Felsenblockes. Eine beseelte Landschaft, begeisternd und erhaben! Ihr fehlt nichts, nicht der Schnee, nicht die Berge, das Meer, die Gründe, die Bäume, das Grün. Und welcher Hintergrund! Wir wandern am Quell Kastalia vorbei, oder vielmehr mitten hindurch (das Becken liegt rechts, der Wasserfall links), vorbei an weit ausladenden Olivenbäumen in ihrem herrlichen Grün.

AUS DEM HOMERISCHEN HYMNOS AUF DEN PYTHISCHEN APOLLON

DIE GRÜNDUNG DES ORAKELS VON DELPHOI

– – Weiter begabst du dich weg, Ferntreffer Apollon,
Kamst zu der Phlegyer Stadt alsdann, zu den frevelen Menschen,
Welche, des Zeus nicht achtend, ihr Erb auf Erden bewohnen,
Dort in dem herrlichen Tal, nah bei den Kephissischen Landsee;
Weiter von da nun gingst du im hurtigen Laufe zur Höhe;
Kamst nach Krissa sodann an dem Fuß des beschneiten Parnassos,
Am gen West hinziehenden Abhang; aber darüber
Hänget ein Felsblock her, und es dehnet sich drunter der rauhe
Talgrund; dort nun wollte sich Phöbos Apollon der König
Bauen den herrlichen Tempel, und redete folgende Worte:
Hier nun denk ich fürwahr mir den prangenden Tempel zu gründen,
Weissagtum dem Geschlechte die Sterblichen, welche beständig
Werden hieher mir führen vollkommene Festhekatomben,
Alle so viele da hausen im fruchtbaren Peloponnesos,
Und die Europa bewohnen, und meerumflutete Inseln,
Holend Orakel; und Ich will dann die untrüglichen Schlüsse
Allen verkündigen hier, weissagend im herrlichen Tempel.
Also sprach er und legte den Baugrund, Phöbos Apollon,
Weit in die Läng und die Breite gedehnt.

Deutsch von Konrad Schwenk

Diese höhere Prophetie gehörte zum Dienste des Apollon, in welchem wie das gesamte Religionsbewußtsein der Hellenen, so auch ihre Mantik die höchste Entwicklung findet. Er ist selbst der Prophet des höchsten Zeus und sein Vermittler den Menschen gegenüber; er hat von ihm das Amt erhalten, sich den Menschen in ihrer Ratlosigkeit hilfreich zu erweisen. Vorzugsweise apollinisch aber ist jede Weissagung, welche aus einem Zustande der Erleuchtung und Erhebung der Menschenseele hervorgeht, aus einem Zustande, in welchem dem irdischen Geiste der Einblick in eine höhere Ordnung der Dinge vergönnt ist. Der Gott wählt sich die Organe seiner Mitteilung, und zum Zeichen, daß es nicht menschliche Weisheit und Kunst sei, welche den Götterwillen enthüllt, sind es schwache Mädchen und Frauen, durch deren Mund Apollon spricht; der Zustand der Begeisterung ist nicht etwa ein Zustand besonderer Krafterhöhung, sondern die eigene Kraft, ja das eigene Bewußtsein ist wie erloschen, auf daß die göttliche Stimme um so lauterer vernommen werde.
Wo der Dienst des Apollon Wurzel gefaßt hatte, gab es Sibyllen und Propheten; denn Apollon ist nirgends denkbar, ohne daß von seiner Stätte das Licht der Weissagung ausstrahle. Die glückliche Lage und die geistige Bedeutung der leitenden Priesterkollegien ist es gewesen, welche einzelnen Orakelstätten eine besondere Geltung verschafft hat.
Wenn aber alle diese berühmten Stätten des Apollon durch Delphi verdunkelt wurden, so liegt der Grund in einer Reihe eigentümlicher und außerordentlicher Verhältnisse, durch welche dieser Ort berufen war, ein Mittelpunkt nicht nur der nächsten Umlande, wie die übrigen Orakel, sondern der ganzen Nation zu werden.
Unscheinbarer und versteckter kann freilich kaum ein altes Heiligtum gelegen haben als das delphische. Hier war keine Tempelhöhe, welche mit freiem Gesichtskreise die Gegend beherrschte und im Mittelpunkt bequemer Verkehrsstraßen lag, sondern eine enge Schlucht zwischen unwegsamen Gebirgsmassen. Denn das phokische Gebirge ist vor Zeiten durch die Gewalt heftiger Erderschütterungen in zwei große Hälften zerklüftet worden, welche durch die tiefe Pleistosschlucht voneinander getrennt werden; nördlich die Hauptmasse des Gebirgs, der Parnaß, südlich in das Meer vorgeschoben der Berg Kirphis. Auf beiden Seiten senken sich die voneinander gerissenen Abhänge jäh zum Bache hinunter.
Auf der parnassischen Seite steigen die Felsen senkrecht an, namentlich zwei nackte Kalkwände von etwa 900 Fuß Höhe, die Phädriaden oder «Schimmerfelsen», wie sie wohl wegen des widerstrahlenden Sonnenlichts genannt wurden, denn sie bilden einen gegen Süden geöffneten stumpfen Winkel miteinander. Am Fuße dieser Felsen hängt das abschüssige Erdreich, von Steingerölle dicht bedeckt und bei jeder Erschütterung geneigt, in die Tiefe der Schlucht hinabzurutschen, so daß nur durch Untermauerung ebene Terrassen und sichere Flächen für den Anbau gewonnen werden konnten. Gewaltige Steinblöcke, die sich von den überragenden Felsen losgerissen haben, liegen zerstreut umher und zeigen, welche Gefahr von dort unablässig droht. Die Luft ist beklommen; Wärme und Kälte wechseln plötzlich. Im ganzen scheint die großartig wilde Gegend mehr zu einer Gebirgseinsamkeit bestimmt zu sein, und man würde nicht begreifen, warum dieser Bergwinkel gerade

zu einer apollinischen Ansiedelung ausgesucht worden sei, wenn er nicht durch einen seltenen Wasserreichtum ausgezeichnet wäre. Nicht weniger als drei Quellen sprudeln in geringer Entfernung voneinander mit einer von den Jahreszeiten unabhängigen Fülle aus dem Fuße der Phädriaden hervor, die Kastalia gerade aus dem Bergspalte, welcher die beiden Felswände teilt, weiter gegen Westen die Kassotis und höher hinauf die Delphusa. Solche Bergquellen waren aber den Griechen mehr als alles andere Zeichen eines besonderen Segens, und sie erschienen ihnen als unabweisliche Aufforderungen zum Opfer- und Gottesdienste. An diese Naturmale hat sich auch die religiöse Weihe, ja die ganze Bedeutung von Delphi angeschlossen.

Da nun in allen hellenischen Stämmen ein zwiefacher Trieb lebendig war, einmal der Trieb vorwärts zu dringen, Städte zu bauen, Staaten zu gründen und sich in zahlreichen Ansiedelungen immer neu zu gliedern und zu gestalten, andererseits aber der Trieb, das Gemeinsame ihrer Nationalität festzuhalten und allen Ausländern gegenüber sich als ein Volk zu fühlen: so hatte dieser Trieb bei der zunehmenden Zersplitterung der Nation keinen anderen Anknüpfungspunkt als das gemeinsame Heiligtum des pythischen Apollon. In seinen Satzungen fand das Nationalbewußtsein, das mit dem Fortschritte der Bildung immer schärfer sich ausbilden mußte, seinen einzigen Ausdruck. In Delphi fühlten sich Dorier und Ionier, Spartaner und Athener, Korinther und Thebaner als Hellenen, und wie von den amphiktyonischen Heiligtümern die ganze Hellenensage, in welcher das Gefühl der Volkseinheit seinen mythischen Ausdruck erhalten hatte, ausgegangen ist: so ist auch die Idee der Nation, welche allen Einzelstämmen und Einzelstaaten vorschwebte, der Begriff einer hellenischen Sitte und eines gemeinsamen Vaterlandes, in Delphi festgestellt worden. Der Omphalos oder Nabelstein bezeichnete das pythische Heiligtum als den geistigen Mittelpunkt der Hellenen.

Es war eine geistliche Macht, welche in Delphi ihren Sitz hatte, und ein göttliches Recht, welches dort gelehrt und gewiesen wurde.

ABBILDUNG: DELPHOI. WEIHESTATUE EINES WAGENLENKERS. Nach der (umstrittenen) Inschrift Weihgeschenk des Polyzalos, des Tyrannen von Gela, für einen Wagensieg in Delphoi 474. Bronze, die Augen mit Glasfluß gefüllt, mit brauner Iris, die Lippen ursprünglich mit Silberplättchen belegt, Höhe der Statue 1,8 m. Museum Delphi.

Folgende Doppelseite: DELPHOI. Blick von der Höhe des Theaters über den terrassenförmig ansteigenden Heiligen Bezirk auf das Pleistostal mit seinen Ölbaumwäldern.

PINDAR · AUF HIERON VON AETNA, SIEGER MIT DEM WAGEN

Möcht' ich dir, ja dir, gefallen, Zeus,
Der dieses Gebirge beherrscht, fruchtreicher Au'n
Schöne Stirn, nach dem die benachbarte Stadt
Ward genannt vom Gründer, der ihr Ruhm verlieh.
Denn in den Bahnen zu Python
Erscholl ihr Name von Heroldes Mund,
Als Hieron herrlichen Siegs
Lohn im schnellen

Wagen errang. Für die Schiffer
Ist's die erste Freude, wenn
Schon im Beginne der Fahrwind
Rauschend bläht die Segel, ein sicheres Pfand,
Daß der Heimkehr auch ein frohes
Ende werde: so gewährt
Bei diesem Gelingen das Wort mir Hoffnung auch,
Noch in Zukunft prange mit Rossen und Kränzen stolz die Stadt,
Bei Gesang und Freudengelagen verherrlicht.
Lykerkönig, Herr in Delos,
Phoibos, der am Berg Parnassos
Liebt den kastalischen Born,
Sei dir das im Geiste genehm,
Gib dem Lande starke Männer!

Denn von Gott nur stammt zu jeder
Menschlichen Tugend die Kraft,
Alle Weisheit, Armes Gewalt,
Oder wer ein Meister des Wortes. Und wenn ich den Mann
Dort zu preisen strebe, hoff ich, irrt
Der Speer mit den ehernen Wangen an der Bahn
Nicht vorbei, vom rüstigen Arme geschnellt;
Mächtig überfliegt er weit der Feinde Schwarm!
Möge die kommende Zeit ihm
Die Wohlfahrt also bewahren und Glück
Und Schätze verleih'n und des Leids
Hold Vergessen!

Aus der ersten pythischen Ode. Deutsch von J. J. C. Donner

ABBILDUNG: DELPHOI. Oben: Das Theater, weiter unten der Apollon-Tempel, mit dem Blick auf das Pleistostal. – Unten: Ölbaumhain in Delphoi.

JACOB BURCKHARDT · DAS ORAKEL VON DELPHOI

Vom Wesen der griechischen Orakel ist schon deshalb nicht leicht zu sprechen, weil das bei weitem bekannteste derselben, Delphoi, eine in jeder Beziehung ganz abnorme Ausbildung erreicht hat. Delphoi war in seiner Blütezeit ein höchst eigentümliches Lebensorgan der griechischen Nation geworden, d. h. es wirkte so sehr auf dieselbe und empfing von ihr solche Rückwirkungen, daß beide das eine ohne das andere kaum zu denken sind. Den Betrachtenden scheint es bald mehr, daß geistige Quellen vom Parnaß niederströmen auf ganz Hellas hinab, bald mehr, daß Wellenschläge des griechischen Geistes von Küsten und Tälern empordringen bis an das Felsgebirge mit dem doppelten Haupt. Nicht nur haben die Fragen der Griechen aus diesem Orakel erst mit der Zeit gemacht, was es zum Unterschied von den andern Orakeln wurde, sondern alles, was die Nation sonst noch auf das stärkste bewegte, hat sie um dieses Heiligtum versammelt: ihre Wettkämpfe, ihr Denken, ihre Poesie und ihre hohe Kunst in Gestalt von Weihgeschenken, wie sie anderswo kaum wieder beisammen waren. Und dies alles aus freiem Antriebe, indem die allgemeine Phantasie von selbst in diesen Schwung geraten war: sie postulierte ihr Delphi und erhielt es wirklich.

Zugang und Nachbarschaft des Heiligtums werden schon von alten Zeiten her, zum Teil noch in sagenhafter Weise, als gefährlich geschildert; gegen die jeweilige Bevölkerung der Nachbarstadt Krissa und ihres Gefildes, unterhalb Delphoi, hatten die Amphiktyonen schwere Exekutionen verhängen müssen, die letzte noch am Ende des 7. Jahrhunderts, weil von dort aus gegen das Heiligtum gefrevelt und gegen die Pilger Brandschatzung geübt worden war. Daneben aber verlauten auch schwere Klagen gegen Delphoi selbst, welche man im wesentlichen nicht wird abweisen können, auch wenn dabei einiger Pilgerverdruß wegen bloßer Überteuerung usw. sollte mitgewirkt haben.

Denkt man sich eine Fragestätte wie Delphoi in Zeiten starken Besuches von leidenschaftlichen und kummervollen Menschen, welche sich bisweilen dem Gesindel eines nur mangelhaft beaufsichtigten Fremdenortes gegenübersahen, so wird man bei diesen Klagen auf Ermittelung der genauen Tatbestände verzichten. Das Heiligtum wäre von all diesem noch kaum berührt – bis Pythia selber sich bestechen ließ... Von Delphoi sagt Cicero: «Möge doch wenigstens das gelten, was wir nicht leugnen können, wenn wir nicht die ganze Geschichte auf den Kopf stellen wollen, daß dies Orakel viele Jahrhunderte entlang wahrhaftig gewesen ist.»

In unverhüllter Mäjestät leuchteten uns die mächtigen Felshörner des Parnassos entgegen. Selbständig, abgeschlossen, ohne Zusammenhang mit den andern Gebirgsreihen Nordgriechenlands, erhebt er sich mehr als 8000 Fuß über dem Meeresspiegel. Fast das ganze Jahr hindurch ist sein Gipfel mit Schnee bedeckt. Von den Bergen Thessaliens und denen des Peloponnes aus gesehen, erscheint uns der Hauptkegel wie ein ungeheurer Altar. Hier auf dieser Spitze ist der Sage nach Deukalion, der griechische Noah, gelandet. Unter dem Schutz dieser Felsen lag einst die wichtigste Stadt in Phokis, das mächtige, von den ältesten Dichtern gepriesene Delphi!

Wir hatten den heiligsten Ort des alten Griechenlandes betreten. Hier verkündete der erhabene, von allen Naturgottheiten der Hellenen am meisten zu ethischer Hoheit verklärte Lichtgott Apollon den Willen seines Vaters Zeus durch den Mund der Pythia. Die wahrhaft erhabene Natur des Ortes, wo das Orakel gestiftet ward, die sittliche Idee der Gottheit Apollons, dem das Orakel gehörte, die Fürsorge der Amphiktyonen, welche die Überwachung desselben auf sich genommen, und das Zeugnis Platos, der so ehrenvoll darüber geurteilt, bekunden, daß Delphis Orakel in seiner Gründung eine ernste und würdige Anstalt war. Es sollte nicht der Befriedigung menschlicher Neugier und menschlichen Vorwitzes dienen, sondern vor allem ihn auf sich selbst, sein eigenes Bewußtsein und die Tugend, deren er fähig war, verweisen. Darum hat sich auch dieses Orakel über anderthalb Jahrtausende erhalten. Es bestand noch, als alle die andern bereits verstummt waren. Jetzt stand Kastri, das ärmliche Dorf, in dem Bezirk der Heiligtümer, welche in jenen Zeiten die schönsten Werke griechischer Kunst in ihren Säulenhallen bargen. Die ersten Mauerreste fanden wir bei der kleinen Kapelle des heiligen Elias. Vergilbte Marmorsteine umgaben den viereckigen Platz, und halb in die Erde versunkene Trümmer eines kannelierten Säulenschaftes von ungeheurem Umfange waren noch sichtbar. Delphi, das einst an den Abhängen des Parnassos terrassenartig aufgebaut war, gründete seinen heiligsten Ort, das Orakel mit den Tempeln und Nebengebäuden auf der Höhe, in fast unwegsamer Schlucht. Am Fuße zweier obeliskenartig senkrecht aufsteigender Felsen, Phädriaden genannt, befand sich die unterirdische Höhle und sprudelten drei Quellen hervor. Die Kastalia, gerade aus dem Bergspalt, welcher die beiden Felswände teilt, weiter gegen Westen die Kassotis und höher hinauf die Delphusa. Im Frühling und Winter stürzte hier ein Wasserfall über schroffes Gestein in den kleinen Waldstrom Pleistus hinab, der sich durch die Ebene von Krissa, Delphis Hafenstadt, in das Korinthische Meer ergießt. Überall sind es Quellen und Felsschluchten, an denen der prophetische Gott Wohnung machte und durch den Mund seiner Sibyllen weissagte.

PAUSANIAS · DIE SPRÜCHE IM TEMPEL VON DELPHOI

In der Vorhalle des Tempels zu Delphi sind heilsame Sprüche für das Menschenleben aufgeschrieben: sie wurden aber geschrieben von Männern, welche nach der Hellenen Sage Weise gewesen. Diese waren: Aus Ionien Thales, ein Milesier, und der Prieneer Bias, von den Äoläern auf Lesbos der Mitylenäer Pittakos, von den Doriäern in Asien Kleobulos aus Lindos, dazu Solon aus Athen und Chilon, ein Spartiate; als siebenten aber hat Platon, Aristons Sohn, statt des Periandros Kypselos Sohnes, den Chenäer Myson aufgezählt: Chenä ist nämlich ein Dorf auf dem Berge Oita. Diese Männer nun, als sie nach Delphoi gekommen, weihten dem Apollon die bekannten Sprüche: Erkenne dich selbst, und: Nichts zu viel. Solche Lehren schrieben denn jene allda.

EURIPIDES · TAGESANBRUCH IN DELPHOI

Der delphische Priester Ion:

Siehe! Mit leuchtendem Viergespann
Glänzt Helios über die Erde schon.
Die Sterne fliehn vor des Himmels Glut
In heilige Nacht.
Parnassos' unbetretene Höhn
Erstrahlen im Licht, berührt vom Tag,
Der für die Sterblichen anbricht.
Dorrender Myrrhe Duft steigt auf
Zu Phoibos' Gebälk.
Auf heiligem Dreifuß thront und singt
Den Griechen die delphische Frau den Spruch,
Mit dem Apoll sie umtönte.
Ihr Delpher! Phoibos' Gesinde, auf!
Zieht hin zur silbern schimmernden Flut
Kastalias, netzt im reinen Tau
Die Glieder, dann steigt zum Tempel hinan,
Weiht frommer Rede den Mund, und nahn,
Die fragen um Rat,
So spendet ihnen Worte des Heils
Von angemessener Zunge!

Aus «Ion», deutsch von Emil Staiger

ABBILDUNG: DELPHOI. THOLOS: Rundbau im Heiligen Bezirk der Athena Pronaia, Marmor, Anfang des 4. Jahrhunderts. – Doppelseite: KAMPF DER ATHENER GEGEN DIE AMAZONEN vom Fries des Schatzhauses der Athener, Ende des Jahrhunderts, Museum Delphi.

OTTO MAGNUS VON STACKELBERG · AM FUSSE DES OLYMP

Gegen die Mitte der Tempeischen Schlucht wurden die Berge in Form und Linie immer großartiger und wechselvoller. Dunkles Gestrüpp wuchs zwischen dem kahlen Gestein, und tief unten wurden die Stämme der aufstrebenden Bäume schon von den Wellen bespült. Denn nur der Peneios trennte noch den Ossa vom Olymp. An der Bergseite des Ossa haben die Alten stufenartig eine Straße in das Gestein gebrochen und mit fester Schutzwehr versehen, um Mensch und Tier vor dem Gleiten zu bewahren. Mühsam zieht man im Dämmerlicht der Felsschatten über schwindelnde Abgründe bergauf, bergab durch die kühle Schlucht. Es ist der Engpaß des Tales, die heilige Gegend des Peneios und die schönste Basis des Olympos.

Plötzlich treten die Gebirge auseinander, die Ebene am Ägäischen Meer ist mit Gebüsch und Grün reich durchzogen, der Peneios wird breiter, wogt stolz und ruhig dem Meere zu, und eine lange Felswand am Olymp begleitet seinen Lauf. Man sieht den Thermäischen Meerbusen und im Rückblick auf das Tal die Höhen und Schluchten des Ossa, die Vorberge des Olymp. An manchen Stellen war die Straße mit breiten Marmorquadern gepflastert und neigte sich gegen den Ausgang allmählich bergab. Eine halbe Stunde weiter wölbte sich noch vor wenigen Wochen eine prachtvolle Brücke über den reißenden Strom.

Wir stiegen den Ossa hinan, bis ich das Tal mit den Windungen der Berge vollständig übersah. Ich fühlte mich wie an der Schwelle des Olymp und konnte die Unermeßlichkeit seiner Götterwelt mir jetzt landschaftlich rechtfertigen. Diese Aussicht gab eine gewaltige Idee vom Olymp. Die ungeheuren Massen, welche ich in der Schlucht für unerreichbar hielt, waren jetzt ganz unscheinbar, und die ferne Meereslinie zog ruhig drüber hin. Das vielgipflige Gebirge, an dessen Felsenspitzen die Wolken streifen, sind nur die Vorberge, die weitgestreckten Füße des Olymp, von denen seine breite Bergmasse, mit allen Wohnungen der Götter auf den hundert Gipfeln, sich erst über den Wolken zu erheben beginnt. Unseren Augen blieben sie auch von jener Höhe unsichtbar. Aus den Fenstern des hochgelegenen Chan in Larissa sah ich später, zwar nur wenige Augenblicke, die Gipfel des Olymp überraschend klar hervortreten. Selten sind sie ganz frei von Gewölk, denn die bewachenden Horen schließen sorgsam mit goldenen Wolken die Tore des Olymp und öffnen sie nur, wenn ein Gott aus ihnen hervorgeht.

ABBILDUNG: OLYMPOS, der Gipfel des 2918 m hohen Gebirges in Thessalien, der sagenhafte Sitz der olympischen Götter (Photo Boissonnas).

NACHWORT DES HERAUSGEBERS

Als einer der ersten Bände der Orbis-Terrarum-Reihe unseres Verlages erschien im Jahre 1923 «Griechenland» mit einer Einleitung von Hugo von Hofmannsthal und Aufnahmen von Hanns Holdt. Der erweiterten zweiten Ausgabe dieses Buches folgte ein dritter Orbis-Terrarum-Band «Griechenland» mit andern Aufnahmen und mit einleitenden Textseiten aus den schönsten Reiseberichten. Der vorliegende vierte Band führt diesen Gedanken weiter: Der Bildteil ist auf die Stätten des alten Hellas beschränkt; dabei werden diesmal nicht nur Landschaften und Bauwerke gezeigt, sondern auch die Schöpfungen der Plastik in die Auswahl einbezogen.

Die Aufnahmen stammen, soweit nicht in der Bildbeschriftung anders angegeben, vom Herausgeber.

Der Textteil, der das Bildpanorama begleitet, stellt den Versuch eines topographisch geordneten Lesebuches dar. Die Folge der Reiseschilderungen und der Dichterworte, in denen die heiligen Stätten Griechenlands ihre Verklärung fanden, wird durch den «Archipelagus» Hölderlins eingeleitet als herrlichstes Beispiel jenes aus der Sehnsucht geschauten Griechenland, das die großen Geister unserer eigenen abendländischen Kultur erfüllte. Bei der Auswahl der Reiseberichte und der geschichtlichen Darstellungen kam es uns weniger darauf an, dem heutigen Stand der Forschung gerecht zu werden (die notwendigsten Berichtigungen ergeben sich aus den Bildunterschriften), als vielmehr ein möglichst mannigfaltiges Bild des Griechenlanderlebnisses auch vergangener Jahrhunderte zu vermitteln, ein Erlebnis, zu dem jede Generation ihren eigenen Beitrag leistet.

Unter den Mitarbeitern, die zum Gelingen dieses Bandes beitrugen, sei meinem Freund Emil Staiger besonders für seine Übersetzungen, Dr. Felix Eckstein für seine archäologischen Angaben gedankt.

AUTOREN- UND QUELLENVERZEICHNIS

INHALTSVERZEICHNIS